〈ケースでわかる〉
実践 パーパス経営

PURPOSE
Management Handbook

野村総合研究所
伊吹英子 古西幸登
Eiko Ibuki / Yukito Furunishi

日本経済新聞出版

はじめに

▶現場の経営者が抱える不満

　筆者らが"パーパス"というテーマに本格的に取り組むことになったきっかけは、戦略コンサルティングやエグゼクティブ・コーチングの現場において、経営層・幹部との対話から聞かれた、従来の経営・事業のあり方では「何かが満たされていない」「何かが足りていない」といった多くの声であった。

　これまで、企業経営の現場では、業務の効率化や財務業績を効果的に達成する戦略、細部まで行き届いた経営管理の仕組み、確立された経営管理サイクル、こうした効率的経営を支える人材開発などが志向されてきた。これらは、これまで私たちが迷うことなく最善と思って追求してきたものばかりである。

　一方、世界に目を向けると、気候変動をはじめとして地球規模で大きな環境変化が起き、事業の方向性をも左右するほどの影響力を持ち始めている。社会生活に目を向けると、これからは大量生産・大量消費社会からの脱却がますます志向され、脱炭素の流れも加速する。日本では少子高齢化が進み、今後はさまざまな社会課題が顕在化して私たちの生活にも影響が及ぶであろう。これらは一例にすぎない。

　こうした社会環境変化のなかで、企業がこれまで追求し、高度成長期の成功を支えてきた経営手法・枠組みは、今変化を迫られている。財務業績のみを追求する効率的経営は、まもなく終焉を迎え、企業が創り出す存在価値そのものがより強く問われるようになる。これからの企業は、パーパスを意図しなければ、持続成

長できない、生き残れないという時代が訪れる。冒頭で挙げた「何かが満たされていない」という感覚は、経営トップのみならず、いまや一人ひとりの従業員にまで広がってきている。

なぜなのか。ある企業幹部は、「新しく策定した経営計画を社員に説明してまわったが、どうも共感されていないようだ」と言い、あるマネジャーは、「最近なぜだか優秀な人材がどんどん職場を去っていく」と嘆く。パーパス（Purpose）は、「目的」とも訳されるが、ここで筆者らは、パーパスのことを「揺らぐことのない社会的な存在意義」と捉えている。

もともと日本企業は、長期視野で高い社会的使命感に基づき創業し、事業を発展させてきたはずだ。多くの日本企業には、かつては、パーパスが存在していたものなのだと考える。ただし、その古くて形骸化しているかもしれないパーパスが組織の奥に潜んでいるだけでは十分には満たされない時代となっている。目まぐるしく変化する環境に適応する形で、パーパスを再認識することが必要である。

▶ "パーパス" が問題解決の鍵

実は今、企業経営の現場で生じているさまざまな問題は "パーパス" という切り口を用いると、解き明かすことができるものが多い。そして、その問題解決の鍵は企業を取り巻く多くのステークホルダーとの "共感・共鳴" にある。さらには、パーパスが持つ現代的な価値とは、さまざまな組織や人を「つなぐ価値」である。

組織開発とサステナビリティ経営、それぞれの専門分野を極めつつあった筆者らが、数年前から企業経営におけるパーパスの重要性に気づき、パーパスの概念やあり方について対話を始めた。幾度もの対話を重ねつつ、パーパスを経営に織り込むための概念

づくりを進めた。

　それから、実例をより深く理解するため、パーパスを大切に考えたり、経営・事業に取り込んだりしている国内・外資企業の経営トップ・経営幹部の皆さまに対話の機会を多くいただいた。これら経営幹部との対話のなかから、筆者らは非常に多くの示唆を得た。そして、対話で得たさまざまな観点・視座を踏まえ、改めて現代的なパーパスの本質的な意義とは何かについて考えた。本書は、それらの多くの対話・思考から生まれたパーパスの概念整理と企業経営への応用を試みたものである。そして、パーパスという概念を（パーパスとは言わずとも）経営のなかに何らかの形で取り入れ、実践している企業ケースを数多く掲載した。それらは業界や企業規模を問わない。

　また、本書では、パーパスとさまざまな経営テーマとのつながりについても説明している。というのも、パーパスは、独立した経営テーマではなく、関連する経営テーマが実に幅広いという特性を持つからだ。

　たとえば、「人や組織に関わるテーマ」では、組織開発、人材マネジメント、採用活動などが関連する。また、「企業と社会に関わるテーマ」としては、サステナビリティやSDGsなどがある。「企業変革に関わるテーマ」としては、イノベーション、デジタルトランスフォーメーション（DX）などが挙げられ、そのほかにもマーケティングやブランディングなどとも大きく関連する。

　このようにパーパスが関連する経営テーマを挙げればきりがない。ミッション・ビジョン・バリューにも当然のことながら深く関係する。

▶具体的なケースを詳細に紹介

　今、世の中を見わたすと、気候変動や脱炭素、SDGsやESGなど、社会問題解決に向けて、政府のみならず民間企業、非営利組織など各セクターでの連携した取り組みが一気に拡大している。こうした動きに伴い、社会全体の価値観も、ある程度のスピード感を持って社会価値を重視する傾向に変容していくことになるだろう。企業自身も、これまで当然であった財務重視の経営から、財務・非財務のバランスをとる経営に移行する。環境・社会対応はもはやコストではなく、将来に向けた投資となる。

　こうした変化のなか、「社会の持続可能性の追求」と「企業の持続成長の実現」、そのもとでの「人や組織のより生き生きとした姿」をひとつでも増やすために、本書で取り扱う"パーパス"が企業経営に不可欠であると考えている。

　本書では、パーパスの重要性にいち早く気づき、日々の経営で実践してきた企業経営トップ層のインタビューを多く掲載させていただいた。インタビューでの対話を重ねるたびに、私たちの当初の思いは確信に満ちていき、また、パーパスの重要性を認識している経営トップや経営幹部も、パーパスについて語るなかで、その重要性を改めて確信しているようだった。パーパスの重要性を認識している企業は、この不確実性の高い環境変化のなかで、将来社会を見据えて、持続的成長に向けた歩みを着実に踏み出そうとしている。

　パーパスの企業経営への活かし方には、決まった正解があるわけではない。組織の数だけ答えがあるといってよい。本書を手に取って読み終えたら、まずは、個人のパーパスとは何か、所属している組織のパーパスとは何かについてぜひ思いを巡らしてほし

い。もし、すぐに思い当たらなくても、本書に立ち返り、個人と組織のパーパスについて考えてみることから始めていただきたい。パーパスがさまざまな組織や個人に息づくことによって、「社会の持続可能性の追求」と「企業の持続成長の実現」、そのもとでの「人や組織のより生き生きとした姿」があふれる社会が来ることを願っている。

第 1 章

パーパスとは
何か？

〈ケースでわかる〉
実践
パーパス経営
PURPOSE
Management Handbook

パーパスを定義する

▶注目を集める「パーパス」

パーパス（Purpose）とは何か。パーパスとは、「揺らぐことのない社会的な存在意義」を指す。「組織や個人が、なぜ、社会に存在しているのか」という根源的な存在意義や存在価値のことである。
　より、具体的には、
「組織や個人が
①自らの社会的な役割をより強く意識した上で、
②個々の組織や個人のあり方、品格、存在意義、社会への提供価値を、
③原点に立ち戻って定義したもの」
である。

　パーパスには、その組織や個人が「社会にどのような価値や影響をもたらすのか」、そして「社会において、どのような役割を担うのか」が具体的に表現される。まずは実際に、企業が掲げているパーパスがどのようなものなのか、見てみよう。

ネスレの存在意義（パーパス）
「食の持つ力で、現在そしてこれからの世代の
すべての人々の生活の質を高めていきます」

　これは、グローバル食品企業のネスレが掲げる存在意義（パー

図表1-1　ネスレの存在意義

ネスレの存在意義（パーパス） 食の持つ力で、現在そしてこれからの世代のすべての人々の生活の質を高めていきます		
個人と家族のために さらに健康で幸せな生活を 実現します	コミュニティのために 困難に負けない活力ある コミュニティを育成します	地球のために 資源と環境を守ります

出所）ネスレ日本

パス）である。ネスレは、創業150周年にあたる2016年に初めて存在意義を言語化した。この存在意義は、創業以来、ネスレという企業が「なぜ存在しているのか」、そして「これからもなぜ存在し続けるのか」を表したものである。また、存在意義に基づき、影響を与える3分野として、「個人と家族」「コミュニティ」「地球」を定め、2030年に向けた長期的な目標を掲げて事業を推進する。

　この存在意義は、ネスレのこれまでの歴史を踏まえていることに加えて、これからの150年、200年の将来を見据えて、創業150周年のタイミングでグループ共通の存在意義として示された。

　もうひとつの例を見てみよう。

> ## Sony's Purpose & Values
> ### 「クリエイティビティとテクノロジーの力で、
> ### 世界を感動で満たす。」

　これは、ソニーグループが掲げるパーパスである。ソニーグループは、ミッション改訂にあわせて、2019年に「Sony's Purpose & Values」を公表した。ミッションの改訂とパーパスとしての再定

義にあたっては、「ソニーが社会にとって意義のある存在であり続け、長期視点での価値創出に向けて全社員が同じベクトルで取り組んでいけるよう」にという意図があった。

　このほかにも、同じように、近年、パーパスを再定義した企業がいくつもある。ただ、このように実際にパーパスの例を見ても、すぐに「パーパスとは何か」について明確に理解するのは難しいかもしれない。

　たとえば、「ミッションやビジョン」と「パーパス」は何が違うのか、と問われることがある。詳しくは後述するが、ネスレやソニーグループのパーパスをよく見てみると、いずれのパーパスも、「社会における存在意義」を示していることが読み取れるだろう。自分たちは「"社会において"こういう存在である」「社会においてこういう存在でありたい」「社会に対してこのような影響を及ぼ

図表1－2　「Sony's Purpose & Values」

出所）ソニーグループ提供

したい」ということ、すなわち、社会との関わり合いがパーパスとして定義され、言語化されている。

この「社会的な要素をより強く持つ」ということが、ミッション・ビジョンとは別にパーパスが独立して語られる理由であり、パーパスが持つ重要な特性である。近年、グローバルレベルでサステナビリティ（社会の持続可能性）が重視される社会環境の変化が見られているが、このような環境変化も背景にして、今、改めて、「社会的な要素をより強く持つ」パーパスが注目されているのだ。

▶パーパスの概念図

それでは、「パーパスとは何か」をより具体的にイメージしてもらうために、パーパスの概念図を図表1−3に示す。

この概念図を見ると、パーパスは、「社会に対して杭が打たれ固定された逆円錐形の器のようなもの」で示されている。その器のなかに、企業自身のありたい姿や方向性などを示すミッション・ビジョン・バリュー、そして、戦略が位置づけられる。

たとえば、「パーパスが存在しない組織」の場合には、どうだろうか。社会における存在意義が明確に言語化されておらず、社内外のステークホルダーとも共感・共鳴されていないため、社会に対する杭が打ち付けられていない状態（図の左側）となる。この場合、社会的な価値観がより重視される経営環境や、不確実性の高い事業環境において、企業自身がこうありたい、こういう方向に向かいたいということなどを示すミッション・ビジョン・バリューや戦略がぶれてしまうことがある。

一方、「パーパスが存在する組織」では、どうだろうか。社会に対して杭が打たれたような器が存在する。このぶれない器の存在

図表1-3　パーパスの概念図

<パーパス(Purpose)とは>

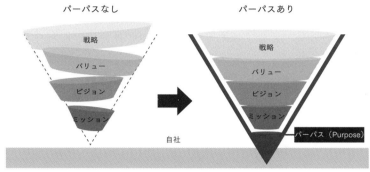

パーパスなし　　　　　　パーパスあり

戦略
バリュー
ビジョン
ミッション

戦略
バリュー
ビジョン
ミッション
パーパス（Purpose）

自社

社会
・社会における自社の存在意義がより明確となる
・長期的にビジョン・戦略がぶれず一貫性が保たれる
・唯一無二の存在としての自社が再確認される

出所）野村総合研究所

により、たとえ変化が激しい経営・事業環境においても、企業自身のミッション・ビジョン・バリューや戦略が揺らぐことがない。つまり、"ぶれない経営"が実現できるのだ。

　このようにパーパスが定義されることの根本的な意味には、

　①激しい環境変化のなかでも長い時間軸で経営・事業の方向性や戦略がぶれずに一貫性が保たれることや、

　②唯一無二の揺るがない存在としての自社の存在価値や存在意義が社内外に伝わること、そして、

　③社内外のステークホルダーの共感・共鳴を得ることができること、

などを見出すことができる。

　組織にパーパスが存在し、組織内外に共感・共鳴が創り出されている状態では、組織や組織構成員が何かを成し遂げようとする

ときに、そこに関与する人々（組織外のステークホルダーも含む）が同じ志や思いを抱き、同じベクトルを向いて進む準備が整う。社会に杭が打たれ固定されたぶれない器が存在することで、社会に対する存在価値・意義が明確となり、共感・共鳴が起こりやすく、組織内外のステークホルダーのベクトルも同じ方向に向きやすいのである。

▶ミッションとの違い

　ここでは、ミッションとの違いについてより具体的に述べる。企業の存在意義や存在価値といえば、ミッションについて思い浮かべる方が多いだろう。それらとパーパスには、どのような違いがあるのだろうか。

　パーパスは、自分たちは「"社会において"こういう存在である」「社会においてこういう存在でありたい」「社会に対してこのような影響を及ぼしたい」ということ、すなわちミッションよりも「社会的な要素をより強く持つ」概念である。組織が掲げる既存のミッションそのものに社会的な要素が強く含まれる場合、その企業のミッションは、パーパスそのものと捉えることも可能である。

　たとえば、日本には、長い歴史を持ち、創業時の志が現代にまで受け継がれているような企業が数多く存在する。

　図表1－4は、日本企業の理念や使命、社是などを抜粋したものである。各社の理念体系を見ると日本企業が古くから掲げてきた理念や使命、社是のなかには、もともと、社会的な存在意義や存在価値（＝パーパスの要素）が言語としては含まれていることが多い。かつ、こうした理念や使命が今も組織に浸透している企業では、新たにパーパスを言語化しなくても、すでにパーパスが組織内外に息づいている企業もあるだろう。

図表1−4 日本企業の創業の精神やミッションの例

トヨタ自動車

豊田綱領

一、上下一致、至誠業務に服し、産業報国の実を挙ぐべし
一、研究と創造に心を致し、常に時流に先んずべし
一、華美を戒め、質実剛健たるべし
一、温情友愛の精神を発揮し、家庭的美風を作興すべし
一、神仏を尊崇し、報恩感謝の生活を為すべし

パナソニック

綱領

産業人たるの本分に徹し
社会生活の改善と向上を図り
世界文化の進展に寄与せんことを期す

京セラ

社是

敬天愛人

常に公明正大　謙虚な心で　仕事にあたり
天を敬い　人を愛し　仕事を愛し
会社を愛し　国を愛する心

出所）各社ウェブサイト　注：各社の理念体系の一部を抜粋して掲載している

一方で、既存の理念を見ても、パーパスの要素自体が言語として
含まれない、あるいは、明確には言語化されていない場合もある。
ここでは、3つのパターンに分けて整理する。

・パターン1：既存の理念などのなかに社会的な存在意義が含ま
　　　　　　　れる場合
　→ミッションとパーパスが（部分的に）重なっている可能性が
　　高い。
　これは、古くから掲げてきた理念や使命、社是のなかに、社会
的な存在意義や存在価値（＝パーパスの要素）が含まれる場合で

ある。かつ、それらの理念が、組織内外に共有され共感・共鳴を創り出している場合には、（それをパーパスという名称で呼んでいない場合でも）ミッションとパーパスが（部分的に）重なっていると考えられる。

・パターン2：既存の理念などのなかに社会的な存在意義が含まれるが、組織内外に共感・共鳴されていない場合
　→パーパスは言語としてはミッションと重なる。ただし、ミッションが共感・共鳴されていない場合にはパーパスが存在するとは言えないことがある。

　自社の理念を確認してみて、社会的な要素が含まれ、言語化されていたとしても、組織内外でパーパスが息づいておらず形骸化している場合がある。この場合は、言葉としてミッションとパーパスが重なるが、パーパスが存在しているとは言えない。つまり、パーパスは、言語化されていればよい、というものではない。日々の経営判断や業務マネジメントに活かされることで、初めてパー

図表1−5　ミッションとパーパスの重なり合い

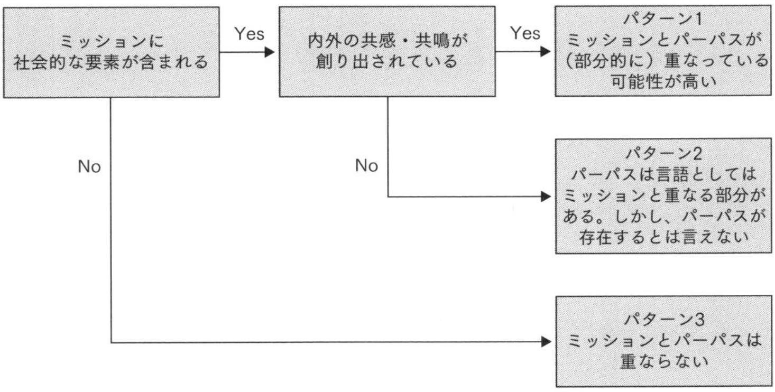

出所）野村総合研究所

パスが存在すると言える。

・パターン3：既存の理念等のなかに社会的な存在意義が含まれ
　　　　　　ない
　→パーパスはミッションのなかに言語として表現されておらず、
　　重ならない。
　この場合、ミッションとパーパスは一致しない。もし、（言語化
されていないとしても）社会的な要素が組織内外に息づき、共感・
共鳴されているという企業があるならば、パーパスを言語化する
だけでよいかもしれない。パーパスが存在しない場合には、過去
〜現在にわたって組織に存在してきたパーパスを発掘し、再定義
することになる。

▶ビジョンとの違い

　それでは、ビジョンとの違いはどうだろうか。
　ビジョンが方向性を示すとするならば、パーパスは、その企業
にとっての原点を示すものである。また、ビジョンは、未来のイ
メージを表現したもので、将来へ向かう方向性を言語化するが、
パーパスは、主に過去から現在まで（時に未来を含む）の時間軸の
なかで言語化・定義される。
　パーパスは、過去から現在において「自らの社会における存在
意義が何だったのか」ということを定義する場合もあれば、加え
て、これから先の未来に向けて、未来を見据えた存在意義を表現
し、再定義する場合もある。
　少し違う見方をしてみよう。パーパスとビジョンの違いを図に
表現し、改めて「パーパスは、ビジョンと何が異なるのか」をその
"感じられ方"から捉えてみる。その違いは「人々が"何に"共感す

図表1-6　パーパスとビジョンの違い

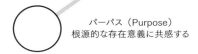

ビジョン（Vision）
行動・ベクトルに共感する

パーパス（Purpose）
根源的な存在意義に共感する

出所）野村総合研究所

るか」で区別すると分かりやすい。

　パーパスとは、「根源的な存在意義を個々人が持っている価値観に沿って確認し共感されるもの」である。すなわち、パーパスは、その個人や組織の存在そのものに共感する。

　一方、ビジョンとは、将来・未来の理想的なありたい姿のイメージであり、「将来、達成したい具体的な状態・理想的なイメージに共感できるか」どうかが問われる。ビジョンは、その組織の「行動やベクトル（方向性）」に共感する。

　ミッションとビジョンに共通するパーパスとの違いもある。それは、「感じられている状態」である。ミッション・ビジョンでは、どちらかというと主に組織の構成員（企業でいえば従業員）に共感されるものであるが、パーパスは、従業員のみならず、社外のステークホルダーにも共感されるポテンシャルがある。

　社外のステークホルダーとは、時に顧客であり、取引先であり、消費者であり、行政であり、NPO/NGOである。投資家も含まれるかもしれない。パーパスは、社会的な要素を強く持つがゆえに、社外のステークホルダーからも共感を得られやすく、さまざまなステークホルダーに浸透を図ることによって、多様な経営メリッ

トを享受することができる。これはパーパスが、ミッション・ビジョンとは異なる点である。

6つの特性と存在意義

　これまで、パーパスがミッション・ビジョンとどのように異なるのかについて述べてきた。
　次に、パーパスについて、さらに理解を深めるために、パーパスが持つ特性について考えてみよう。パーパスが持つ特性には、以下の6つがある。

①第三者的な観点をより強く含むもの（社会に対してどのような影響をもたらしたいか）

図表1-7　パーパスが有する特性

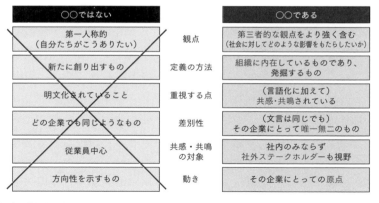

○○ではない		○○である
第一人称的 （自分たちがこうありたい）	観点	第三者的な観点をより強く含む （社会に対してどのような影響をもたらしたいか）
新たに創り出すもの	定義の方法	組織に内在しているものであり、 発掘するもの
明文化されていること	重視する点	（言語化に加えて） 共感・共鳴されている
どの企業でも同じようなもの	差別性	（文言は同じでも） その企業にとって唯一無二のもの
従業員中心	共感・共鳴 の対象	社内のみならず 社外ステークホルダーも視野
方向性を示すもの	動き	その企業にとっての原点

出所）野村総合研究所

②組織に内在しているものであり、発掘するもの

③（言語化に加えて）共感・共鳴されているもの

④（文言は同じでも）その組織にとって唯一無二のもの

⑤社内のみならず、社外ステークホルダーも視野にあるもの

⑥その企業にとっての原点を表すもの

以下、具体的に内容を説明していこう。

▶①第三者的な観点をより強く含む

　パーパスは、「自分たちがこうありたい」という第一人称的なものではなく、第三者的な観点、そして、社会的な要素をより強く含んでいる。前述の通り、これはパーパスが持つ特性のうち、最も重要な要素と考えられる。

　たとえば、ある企業が「20XX年に、売上高X兆円、営業利益Y億円を実現。グローバルトップ企業になる」という目標を掲げたとする。そして、この目標が、その企業にとっては極めて重要な経営目標であったとする。この目標を達成することは、恐らく、受益者となり得る経営層や社員、あるいは株主からは、一定の共感を得るだろう。しかし、社会から見ると共感を得にくいものだ。なぜなら、社会のステークホルダーから見ると、ある一企業の成長については、直接的なメリットが感じられないからだ。

　一方、たとえば、ある企業が、存在意義として「世界中の人々に健康で健やかな暮らしを届ける」というパーパスを掲げたとする。この場合はどうだろうか。「社会にとってどのような価値を生み出す存在なのか」が示された表現である。

　こうした表現であれば、社会から見ても、その企業が社会に対してどのようなポジティブな影響、そして存在価値をもたらした

いのか、あるいは社会におけるその企業の役割が理解されやすい。結果として、その企業に対する社会からの共感・共鳴も生まれやすい。また、その存在意義が、その企業の持続成長への道筋と整合が取れていれば、当然のことながら、経営層や社員、あるいは株主からもさらなる共感を得るだろう。

すなわちパーパスのポイントとは、企業が、社会に対してどのような働きかけを行い、その結果、その企業が社会においてどのような存在意義を持ち得るのかがきちんと示されることである。この社会的な存在意義が明確に示されることによって、社会からの共感・共鳴が生まれやすくなる。

第1の特性をより深く理解するために、例として、ソニーグループの以前のミッションと、2019年に公表された「Sony's Purpose & Values」を比較してみる。

1点目の違いは、価値の提供先である。

いずれの場合も「感動」という提供価値は共通して示されている。しかし、以前のミッションでは、感動の提供先が「ユーザーの皆様に」となっている。一方、新たに定義されたパーパスでは、感動の提供先が「世界を」と示されている。この「世界」には当然、ユーザーも含まれるが、パーパスでは、ユーザーの先にある社会全体（＝世界）を「感動」の提供先として見据えていることが分か

図表1－8　ソニーグループの旧ミッションと現在のパーパス

◆ソニー（現ソニーグループ）
　旧ミッション
　「ユーザーの皆様に感動をもたらし、人々の好奇心を刺激する会社であり続ける」
　　　　　　　　　　　　　　　　↓
◆ソニーグループ
　現「Sony's Purpose & Values」　※Purpose部分のみ抜粋
　　「クリエイティビティとテクノロジーの力で、世界を感動で満たす。」

出所）ソニーグループ公開情報に基づき野村総合研究所作成

る。

　また、旧ミッションでは、「人々の好奇心を刺激する会社であり続ける」とあり、ソニーグループ（旧ソニー）がどうありたいのか、が表現されているように見える。一方、「Sony's Purpose & Values」では、「世界を感動で満たす」とあり、社会をどうしたいのか、が示されている。このように、自分たちがどうありたいかを踏まえつつ、社会をどうしたいのか、社会に対してどのような影響を及ぼす存在なのか、を定義したのがパーパスである。

　2点目の違いは、社会における役割の記述である。

　新たに定義されたパーパスで注目したいのが、「クリエイティビティとテクノロジーの力で」という部分だ。これは、社会に対してソニーグループがどのような価値をもたらすのか、社会においてソニーグループが何を担い、社会に対してどんな変化を起こすのかについて具体的な役割にまで言及されている。この社会に対して発揮する役割は、他社と比べた自社の資質や強み、特徴であり、それらを明確に表現している。

　結果、新しいパーパスでは、たとえば、事業や業務上の意思決定においてクリエイティビティとテクノロジーの力をどのように使うのか、感動をどのように提供するのかが分かりやすく示されている。感動を提供するソニーグループとして、ソニーグループならではの役割を追求した結果、「クリエイティビティとテクノロジーの力で」という言葉に最終的に集約・表現されたのではないかと考えられる。

▶②組織に内在しているものであり、発掘するもの

　近年、急にパーパスがさまざまな経営の場面で取り上げられるようになった。こうした状況では、パーパスがいかにも新しい概

念かのように聞こえてくるため、「パーパス＝新しく創り出さなければならないもの」といった誤解が生まれやすい。そして、「とにかくパーパスを策定しなければ」といった安易な行動を取りやすい。パーパスという言葉を聞き慣れていない場合には、また、新しい概念が出てきたのかと、うんざりする場合もあるだろう。

　しかし、欧米では、古くからパーパスを「Our Purpose」という表現とともに掲げている企業も多い。パーパスは、新しく創り出すものではなく、その組織に長く、そして深く内在してきたものである。

　パーパスは、組織のなかに存在はしているものの潜在的であり、組織の構成員の意識下には存在しているものの十分に認知・認識（もちろん、共感・共鳴も）されていないことも多い。こうした場合に、自社の歴史や風土、事業、そして、これまで関わってきた多様な人々の思いを紐解き、発掘したうえで、パーパスとして（実際には組織に内在していたものを）言語化することになる。

　2016年にパーパスを定義したネスレでも、パーパスとは、「創業以来、ネスレという企業が『なぜ存在しているのか』、そして『これからもなぜ存在し続けるのか』を表したもの」とされている。これはまったく新しくパーパスが創り出されたものではないことを示している。時代を経て、表現や解釈は変わるかもしれないが、根底にある原点は揺るがない。これがパーパスなのである。

　また、歴史が長くなければパーパスが発掘できないかというと、決してそうではない。たとえば新たに創業した新興企業や、統合した企業、あるいは分社した企業など、企業にはさまざまな設立経緯があるだろう。それぞれにパーパスは存在し得るし、パーパスは、組織構成員の思いとも重なる。そういった意味では、創業時の思いや、統合前の企業が持つ歴史、分社前の企業に脈々と流れてきた歴史、組織構成員の思いなど、それぞれの組織の起源と

なるものを出発点としてパーパスを発掘し紡ぎあげていくことができる。

▶③言語化だけではなく、共感・共鳴されている

　企業でよく起こることであるが、トップダウンなどで、とにかくパーパスを再定義しようと急ぐケースがある。こうした場面に遭遇したときは、注意が必要である。

　この場合、よく見られるのが、とにかく「言語化」することを目的にしてしまうことである。すなわち、パーパスに、共感を得やすいキャッチコピーのようなものを求め、まずはとにかく言語化を急ぎ、その後にさまざまなブランディング施策やコミュニケーションプランへ落とすことがあらかじめ決まっているという具合だ。

　過去にも、とにかくスケジュールに期限を設け、パーパスの策定や浸透を急いで進めようとする企業を数多く見てきた。しかしながら、こうしたケースの多くのパーパスが真のパーパスにはならないことが多い。パーパスとは、パーパスを示す言語が存在すれば事足りるわけではなく、その組織や人々によってパーパスが心から共感・共鳴されていること、つまり、"感じられている"ことが必要である。言葉があるかないかではなく、その策定プロセス自体が極めて重要となる。

　額縁に入れられて、きれいに飾られている形ばかりのパーパスは、真のパーパスなのだろうか。本当の意味でパーパスが活きるのは、パーパスを掲げる組織や人々、ステークホルダーが日々共感・共鳴し、日常において身近に感じられているときである。パーパスには、人と組織、組織と組織、組織と社会をつなぐという重要な価値があるのだが、パーパスが感じられていなければその

価値は発揮されない。パーパスは、言語化することではなく、組織や個人に日常的に「感じられている状態」を創り出すことこそが大切なのだ。

　そのような意味では、パーパスの策定は急ぐべきものではなく、急いでいる場合には、むしろ、その状況をあえて注意深く見つめ、本来ならどのようにパーパスを再定義するべきか、誰を巻き込んでいくのかを考え、余裕を持ったスケジュールを描きつつ、パーパス策定のプロセスを十分に吟味し見極めて決定する必要がある。

▶④その組織にとって、かけがえのない、唯一無二のもの

　パーパスの表現は、その企業の存在意義を端的に示すがゆえ、シンプルな表現であることも多い。シンプルであるがために、一般的な表現（たとえば、「豊かな暮らしを創造する」など）である場合もある。しかし、そのパーパスは、その企業にとって唯一無二のものである必要がある。

　単に、言語化されていることが重視される場合、仮に異なる企業によって定義された2つのパーパスが同じ文言であれば、唯一無二のものではなくなる。しかし、前述のようにパーパスは、言語化されていることだけではなく「感じられている状態」が創り出されていることが重要である。業界や企業風土が異なれば、同じ文言でも感じ方、感じられ方は異なるはずだ。結果的に同じ文言であったとしても、そのパーパスは、組織にとって唯一無二のものとなる。

　たとえば、消費財メーカーが創り出す豊かな暮らしは、素材メーカーが創り出す豊かな暮らしとは、異なるものである。その企業にとっての「豊かな暮らし」が自分事化され、腹落ちされ、唯一無二のものとして共感・共鳴されている時、それはパーパスとい

うことができる。

▶⑤社内のみならず、社外ステークホルダーも視野にある

　ミッションはどちらかというと、社員に向けて策定され浸透されることが重視されるが、パーパスは、社外のステークホルダーからの共感・共鳴も同時に意識されるものである。その背景に、第1の特性で述べたように、ミッションでは、「当社はこういう存在であり、こうありたい」といった「第一人称」としての当社の存在やあり方が示される。したがって、ミッションは、社内で共感・共鳴されることで十分な意義が見込める。

　一方、パーパスは、社会における存在を定義したものであり、それが企業の持続成長と整合していれば、社内からも、そして社外のステークホルダーからも共感・共鳴し得るものとなる。

▶⑥その企業にとっての原点を表すもの

　これはビジョンとの違いの部分でも述べたが、たとえば、ビジョンが、その企業が向かう方向性、すなわちベクトルのようなものを示すとすると、パーパスは（ミッションも）その企業の原点を示す。原点とは、揺るがない基軸である。ネスレでは、パーパスのことを、「羅針盤」とも表現している。激しい環境変化の中でもぶれることのない、揺らぐことのない原点を示す。

　以上の6つが、パーパスが有する特性である。実際に、企業経営におけるパーパスの活かされ方はさまざまであるが、パーパスは、これらの6つの特性を共通的に有するものと理解していただきたい。

▶パーパスが存在することの意義

　それでは、組織にパーパスが存在し、共感が生まれている状態では、どんなことが嬉しいのか。すなわち、パーパスが存在することで組織にとってどんな意義が見出せるのか、について考えてみたい。

　前述の通り、パーパスが定義されることの根本的な意味には、①激しい環境変化のなかでも長い時間軸でビジョン（経営・事業の方向性）や戦略がぶれずに一貫性が保たれることや、②唯一無二の揺るがない存在としての自社の存在価値や存在意義が社内外に伝わること、そして、③社内外のステークホルダーの共感・共鳴を得ることができること、などを見出すことができる。

　これは、パーパスは変化しにくい原点のようなもの（一方、ビジョンの向かう先は変わりやすいし変えやすいもの）であり、パーパスは過去から現在までにその企業が培ってきたものによって構成されるといった背景がある。また、原点を示すがゆえに長い時間軸で、変化せずより永続的で、ぶれずにはっきりと、どういう会社なのかが示しやすいということもある。

　組織にパーパスが存在し、共感が生まれていると、その組織が何かを成し遂げようとするときに、組織の構成員やそれに協力しようとするステークホルダーが、同じ思いを抱くことができたり、同じベクトルを向いて進むための土台が整ったりする。そこで、ここでは、このようなパーパスが存在することの意義が、具体的に経営のどのような場面で活かされるのか、について考えたい。

　まず、パーパスが存在すると、組織内の構成員同士のみならず、それに協力しようとする外部のステークホルダーのそれぞれの思いを相互に共有しやすくなる。パーパスは社会的な要素を有して

図表1-9　パーパスが存在することの意義

＝さまざまなステークホルダーの共通言語となり、つなぐ価値が発揮されること

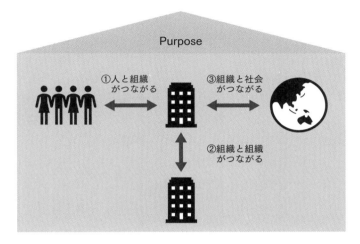

出所）野村総合研究所

おり、さまざまなステークホルダーの共通言語的な役割を果たすためである。その、何かを成し遂げる時に思いを共有し合う関係は、①人と組織、②組織と組織、③組織と社会の3つに分けて考えることができる。これがパーパスの「つなぐ価値」である。

　第三者的要素を持つパーパスが共通言語的な機能を果たし、異なる組織や個人、あるいは社会全体をつなぐ。つなぐことにより、その間に共感・共鳴が生み出される。パーパスが存在し、共感が生まれている状態では、成し遂げようとするゴールに向かって、組織や個人の力を最大限発揮することができる。ゴールに向かって力を発揮するのは、組織内の構成員同士のみではなく、社会のさまざまなステークホルダーをも含むときである。パーパスには、①〜③のような関係において「つなぐ価値」を見出せるのだ。

パーパスを経営戦略として活かす

　パーパスの「つなぐ価値」が、実際に経営・事業上のメリットとして顕在化するのは、企業の経営・事業戦略としてパーパスが活かされる場面となる。実際に、パーパスは、さまざまな経営テーマと紐づいており、さまざまな経営・事業戦略上のメリットを創り出す。パーパスの「つなぐ価値」ごとに、メリットを生み出し得る経営テーマを整理すると図のようになる。

図表1－10　パーパスの「つなぐ価値」とさまざまな経営テーマ

<u>"パーパス" で人と組織がつながる</u>
パーパス・理念・ビジョン経営
働き方改革
人材マネジメント
従業員エンゲージメント
リテンション（優秀人材の確保）
リクルーティング
経営戦略
イノベーション

<u>"パーパス" で組織と組織がつながる</u>
エコシステム
オープンイノベーション
コ・クリエーション
サプライチェーン

<u>"パーパス" で組織と社会がつながる</u>
ブランディング
マーケティング
サステナビリティ経営
IR

出所）野村総合研究所

▶①人と組織がつながる

　まず、パーパスは、人と組織をつなぐことができる。パーパスが息づく組織では、組織構成員が所属する組織に惹きつけられる。これは、企業であれば従業員エンゲージメントを創出することにつながり、生産性の向上やイノベーションの創出に寄与するなどの観点で、最も重要な価値である。

　パーパスの存在は、その従業員がなぜその組織に所属しているのかの根源的な理由を意味する。従業員が働く企業のパーパスに共感できるなら、その従業員は、その組織でもっと頑張りたいと思う。

「"パーパス"で人と組織がつながる」すなわち、パーパスが存在し、組織と人の間で共感・共鳴が創り出されていると、

・組織の求心力が高まる（パーパス・理念・ビジョン経営）
・優秀な人材が組織に集まり働き続ける（働き方改革、人材マネジメント、従業員エンゲージメント、リテンション（優秀人材の確保）、リクルーティング）
・組織の生産性やパフォーマンスの向上が期待できる（経営戦略遂行の加速、イノベーションの創出）

などの効果が見込める。

　パーパスが息づく企業では、たとえば、上司と部下間のコミュニケーション、業務のレビュー、人事評価、1on1などにおいても、常に、個人のパーパスの確認がなされ、組織のマネジメントにおいても重視される。上司は部下の個人のパーパスを確認し、会社のパーパスとの整合をとりながら、完全ではないかもしれないが、できるだけ重なり合う部分で、業務を遂行してもらうようにする。こうすることで、従業員一人ひとりの充実感が引き上げられ、組

織全体としてのパフォーマンス向上につなげていくことができる。

▶②組織と組織がつながる

　第2に、パーパスは、組織と組織をつなぐことができる。パーパスが息づく企業同士が一緒に行動するときには、パーパスがそれぞれはっきりとしていて、互いの共感度が高い状態となる。そのような状態で協働すると、従来のような「儲かる－儲からない」といった単純な利害関係を超えて協力し合う意識が生まれやすい。

　もし、両者のパーパスが重なり合う部分がある場合などは、パーパスが一致しているから一緒にやりましょうという、協働の始まり方となる。これは、それぞれの損得の話ばかりに終始せず、より大局的な視野でビジネスのあり方自体を考えることにもつながる。

「"パーパス"で組織と組織がつながる」すなわち、協業する互いの組織と組織にパーパスが存在し、共感・共鳴が創り出されていると、

・協業の始まり方や協業モデルが変わる（エコシステム、オープンイノベーション、コ・クリエーション）

・協業先との関係性が変わる（サプライチェーン）

などの効果が見込める。

　協業の始まり方や協業モデルについて、たとえば、よく見られる以下のような悪い例がある。

　とある企業と企業が協業しようと合弁会社を設立した。設立の趣旨は、それぞれの企業にとってチャネルや顧客が増えるというメリットを見出すというものであった。しかしながら、互いのパーパスの共有ができていないまま協業を始めた結果、蓋を開けてみると、互いに期待しているものが異なり、もっとこういうこと

を期待していたとか、こういうことを求めていたということを互いに言い合ってしまうこととなった。

　一方、新たに会社を設立しているため一定期間で成果が出ないと会社自体の存在も危うくなってしまう。何とか、期待される売上・利益を取りに行くという行動に出ているが、もともと狙っていたほどの成果には至っていない。こうした関係は、お互いの良いところだけを見て結婚した状態のようにも見える。

　企業が自社にとって何が足りないか、何が必要かばかりを互いに考え続けた結果、結果的に利己的な姿勢が強くなっている状態で協業先を見つけ、利己的な姿勢のまま、協業を始めるパターンはよくある。そうすると、互いの（協業先の）良いところばかりを都合よく解釈してしまうことになりがちだ。

　これからの協業においては、協業する相手同士のパーパスがお互い重なり合うかどうかが、実は、協業の前提にもなり得る重要な観点ともなり、パーパスがより重視されるこれからの時代においては、協業のあり方そのものも変わっていくものと考えられる。

▶③組織と社会がつながる

　第3に、パーパスは、組織と社会をつなぐことができる。パーパスが息づく企業は、社会とつながりながら成長をする。

　これからの時代を思い描いてみよう。消費者が何にお金を払うかによって、この先の未来が決まっていく。これまでは、安いから、便利だからということで商品・サービスを選ぶことはあった。しかし、今後はどうだろうか。その企業の姿勢（企業が商品・サービスに込めた思いや価値観）に共感するから、そうした要因から企業を選び、商品・サービスを選択するようなことも増えてくるだろう。

「"パーパス"で組織と社会がつながる」すなわち、パーパスが存在し、組織と社会の間で共感・共鳴が創り出されていると、
・企業が商品・サービスに込めた思いや価値観を通じたファンづくりができる（ブランディング、マーケティング）
・社会への正・負の影響・リスクを考慮した経営ができる（サステナビリティ経営）
・投資家への対話のあり方が変わる（IR：インベスター・リレーションズ）
などの効果が見込める。

　時代の変化にあわせて、消費の選択肢も増えていく。商品・サービス購入時の判断基準や選択基準が多様化するなかで、価格、便利さ、利便性だけではなく、自分の価値観や考え方に近い企業・商品を選ぶ傾向が強まる。商品・サービスを通じてパーパスや企業姿勢が伝わることもあるが、企業としても、消費者や社会に対して積極的にパーパスを伝えていくことで、「この企業を応援したい」「この企業には興味がある」など、消費者や社会からの理解や共感を直接的に得ることもできる。このようにパーパスは消費者、消費者への訴求力の一つとしても有効に機能し得る。

　また、物理的・物質的な良し悪しではなく、概念的・感覚的な良し悪しで、人の共感を呼ぶようなマーケティング・ブランディングへの活用も期待される。パーパスを商品ブランドに持たせるケースである。

　ユニリーバは、2020年に発表した新たな成長戦略「ユニリーバ・コンパス」を支える3つの信念のひとつとして、「パーパスを持つブランドは成長する」を挙げている。また、日本でも花王は、ESG戦略であるKirei Lifestyle Planでパーパスドリブンなブランド（社会的課題に対応し、生活者の暮らしや社会で共感を得られる、存在意義のあるブランド）の比率を2030年に100％とすることを

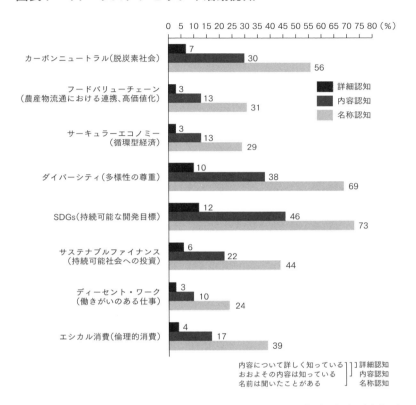

図表1-11　サステナビリティ活動認知

0 5 10 15 20 25 30 35 40 45 50 55 60 65 70 75 80 (%)

カーボンニュートラル(脱炭素社会)
7
30
56

フードバリューチェーン
(農産物流通における連携、高価値化)
3
13
31

サーキュラーエコノミー
(循環型経済)
3
13
29

ダイバーシティ(多様性の尊重)
10
38
69

SDGs(持続可能な開発目標)
12
46
73

サステナブルファイナンス
(持続可能社会への投資)
6
22
44

ディーセント・ワーク
(働きがいのある仕事)
3
10
24

エシカル消費(倫理的消費)
4
17
39

■ 詳細認知
■ 内容認知
░ 名称認知

内容について詳しく知っている] 詳細認知
おおよその内容は知っている] 内容認知
名前は聞いたことがある] 名称認知

設問)あなたは、以下の「サステナビリティ活動」について知っていますか。あてはまるものをひとつお知らせください。
出所)NRIインサイトシグナル調査(関東男女20-60代、N=3,138、2021年5月22日聴取)

目標として掲げ、取り組みを進めている。

　他の日本における事例として、ユニリーバ・ジャパンのビューティケアブランドLUXでは、性別や容姿に関するステレオタイプを排除するため、採用の履歴書から性別欄や顔写真をなくすアクションなどを展開している。

　こうしたパーパスと連動したマーケティングやブランディング

は、商品の価格や機能に加えて、企業の姿勢を消費者に伝えるものであり、パーパスによって企業と社会がつながる良い例であるといえる。

コラム：理想的なパーパス経営とは

パーパス経営の考え方は、共通的に以下の2軸で整理することができる。

それは、①言葉の磨き度合い（＝言葉としての価値・意味）と②組織のなかでの活かし方・活用（＝経営の枠組み・仕掛けとしての展開）である。この2つの実現度合いを整理することによりパーパス経営がその組織に息づいたものであるかが分かる。そして、良い企業ケースでは、これら2軸を必ず両方を満たしている（図の右上に位置）。言葉として磨かれ、価値・意味を持つパーパスが存在したとしても、その活かし方を怠るとパーパスは、企業組織のなかで息づかない。

歴史的に高い志や社会的使命感に基づき創業した企業は多くあったが、効率化や短期での経営成果を求める経営を追求し、時を経るうちにミッションが形骸化し額縁に飾られている存在となり、日常のマネジメントでうまく活用しきれていない状況が多々生じている（図表1－12下向きの矢印）。

一方、本質的なパーパス経営を追求し続ける企業では、パーパスの言葉としての磨き度合いに加えて、パーパスをさまざまな経営・事業の場面で活かす場を展開している。

改めてパーパスを掲げて浸透を図ろうとする取り組み（図表1－12上向きの矢印）は、かつてパーパス経営を行っていたが、時代の変化に合わせてパーパスが言葉だけになり形骸化してしまった企業によるものだ。新たに社会的な要素を加

えたうえで、日常のマネジメントのさまざまな場面でふんだんに生かしていこうとするものである。社会環境が変化し、社会的価値観が重視されるようになったことで、社会的な要素をより多く含むパーパスを掲げることの意義が見出しやすくなったのではないだろうか。

　たとえば、企業理念経営を推進するオムロンでは、企業理念「実践」経営というように、企業理念経営の「実践」を重視したさまざまな取り組み・仕掛けを展開する。これは、言葉としての磨き度合いに加えて、組織のなかでの活かし方・活用（＝経営の枠組み・仕掛けとしての展開）についてもその実践を掲げ重視していることを示している。

図表１－12　理想的なパーパス経営

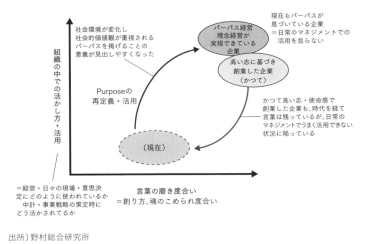

出所）野村総合研究所

第 2 章

時代の変化と
パーパス

<ケースでわかる>
実践
パーパス経営
PURPOSE
Management Handbook

注目される背景に3つの変化

　なぜ今、企業経営の現場において、パーパスへの期待が高まっているのだろうか。

　その背景には、企業経営を取り巻く内外の環境変化が大きく影響している。具体的には、近年見られる社会や個人の変化が、企業の社会的役割を改めて問い直す契機となっており、企業が「社会における存在価値を再定義する」意義を見出しやすくなっていることがある。

　まず、「社会の変化」に目を向けてみよう。社会課題が深刻化し、その解決には複合的なアプローチが必要となっている。社会課題解決においては、政府の役割だけではなく、企業の役割も大きく期待されている。「個人の変化」に目を向けると、個人の価値観や幸せの感じ方が多様化しつつある。今後は、物質的な豊かさを超えて、新しい豊かさが探索されるとともに、多様な個人の価値観による商品・サービスの競争や選択が起こるだろう。

　これらの変化は、企業自身の経営のあり方にも変化を迫っている。企業には、今後、社会との関わりをより強く意識した経営が求められるだろう。また、社会的な価値観が重視される社会では、従来企業が追求してきた短期・財務志向の効率的な経営手法や経営管理の枠組みはいずれ限界を迎えるのかもしれない。

　こうした社会・個人・企業の変化は同時並行的に、かつ互いに関係しながら進み、結果、従来の社会全体の価値観や判断基準の前提を変えていくであろう。中でも、今後は価値観や判断基準における「社会的な要素」がより重要な位置を占めるようになる。する

図表2−1　パーパスの重要性に関わる主な背景

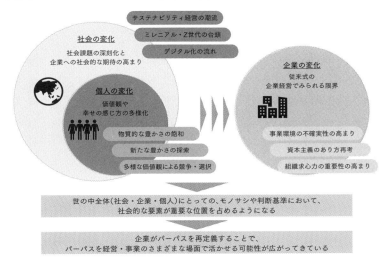

出所）野村総合研究所

　と、企業がパーパス（＝揺らぐことのない社会的な存在意義）を再
定義することの意義が今後一層、高まることになる。企業が掲げ
るパーパスは、世の中のさまざまな価値観や判断基準における
「社会的な要素」と整合することになり、結果、企業経営の現場に
おいて、パーパスを経営・事業のさまざまな場面で活かす機会も
広がることになる。

社会の変化

　それでは、「社会の変化」から具体的に見ていこう。近年、社会

課題が世界レベルで深刻化・複雑化し、それに伴い、企業に対する社会的な要請や期待が高まっている。気候変動や人権、地球資源の枯渇をはじめとする社会課題は、将来的に企業の事業展開にも大きな影響を与え得るほど存在感を増している。さらに社会課題は、相互に複雑に絡み合い、単一の社会課題を解くのでなく、複合的な課題解決を図るアプローチも必要とされている。今後は、このような深刻化・複雑化した社会課題を解決する主体として、企業に求められる役割や期待が継続して高まっていくことだろう。

　また、社会全体が社会的な価値観をより重視するという変化は、企業がパーパス（＝社会的な存在意義）を掲げることによって、顧客や社会から信頼や共感を得やすい環境になることも意味している。

▶サステナビリティ経営の潮流

　近年、注目されているサステナビリティ経営は、パーパスとも関連が深い経営テーマである。サステナビリティ経営とは、社会の持続可能性を考慮した経営であり、企業が長期目線で社会観点を経営に取り込んでいくという概念でもある。この背景には、前述の通り、社会課題の深刻化などがあり、企業をとりまく事業環境の不確実性が増すなかで、企業の持続成長のためには、社会との関わりを強く意識した経営・事業を展開することが重要視されている。

　企業は、長期目線では、「揺らぐことのない社会における存在意義」を意識しながらも、短期目線では刻々と変化していく社会情勢、消費者意識の変化を察知し戦略を機敏に変えていくといった、柔軟な経営・事業展開が求められる。その際に、世の中の変化に振り回されず、ぶれない経営の原点となるパーパスへの重要性に

より期待が高まる。

　こうした環境変化を受けて、実際に、企業経営の現場においてもサステナビリティを重視した経営へと舵を切る企業が増えている。企業によるSDGsやESGへの取り組みも活発化している。

　企業は、自社の売上や利益などといった業績目標の追求のみではなく、気候変動への対応やサプライチェーン上のESG配慮、ビジネスと人権への対応、財務・非財務一体となった価値創造ストーリーの定義やESGを考慮した投資家エンゲージメントなど、さまざまな非財務・社会的な観点での取り組みを強化する必要に迫られている。今後、企業は、経済価値のみならず、社会的価値を意図して経営・事業を展開することが、前提となっていくであろう。

　このように、サステナビリティ経営の潮流により「社会における存在としての企業」が意識されるようになり、その結果、パーパスを再定義することによる事業上のメリットも享受しやすくなる。企業がパーパスを再定義することにより、「社会における存在」としての企業姿勢が社内外のステークホルダーへと伝わり、企業に対する社会からの共感・共鳴が生み出される。パーパスを基軸においた経営や事業展開、コミュニケーションの図りやすい環境が生まれつつある。

　前述の通り、パーパスは、その組織の創業精神と深く関わるが、サステナビリティ経営も同様に、企業が持つ創業精神や歴史、企業文化に深く根差している。サステナビリティ経営では、「サステナビリティに対する経営姿勢」を明確にするプロセスがある。そのプロセスでは、企業に長年受け継がれてきた創業精神や歴史を振り返り、自社の経営・事業を支えてきた原点でもある企業の"社会における確固たる存在意義"まで立ち戻る。このように、近年、注目が高まるサステナビリティ経営の潮流は、パーパスを重視す

図表2－2　ステークホルダーからの社会的期待の高まり

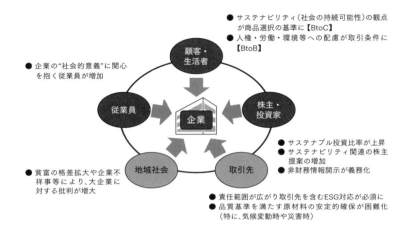

出所）野村総合研究所

る背景としても、重要な位置づけにある。

▶ミレニアル世代・Z世代の台頭

　社会の変化としての2つ目は、ミレニアル世代やZ世代などの若者世代の存在感の高まりがある。こうした若者世代は、サステナビリティやグリーンへの感度が高いと言われてきた。2021年の日経MJ（流通新聞）の調査においても、特にZ世代の「社会課題の解決に貢献したい」という意識はミレニアル世代と比較しても高い。

　今後、ミレニアル世代やZ世代が社会で存在感を増すことにより、たとえば、これまでの働き方や働くことの価値観が変化することが想定される。具体的には、個人の思いに蓋をして、財務中心の企業目標に邁進するといった従来の働き方は支持されない。

図表2−3 若者世代のサステナビリティへの意識

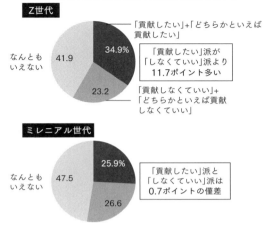

Z世代の３割以上は「社会課題の解決に貢献したい」

Z世代

「貢献したい」+「どちらかといえば
貢献したい」

34.9%

「貢献したい」派が
「しなくていい」派より
11.7ポイント多い

23.2

「貢献しなくていい」+
「どちらかといえば貢献
しなくていい」

なんとも
いえない　41.9

ミレニアル世代

25.9%

「貢献したい」派と
「しなくていい」派は
0.7ポイントの僅差

26.6

なんとも
いえない　47.5

出所）日経MJ（流通新聞）2022年1月1日付
注）調査は、2021年11月に実施。Z世代は16〜26歳の5013人、ミレニアル世代は27〜38歳の5023
人が回答。調査の実施・分析は日経リサーチが担当

むしろ、個人の意図や思いに合致した組織や仕事を求めていく傾向が強まる。

　そうすると、企業は、将来の社会の担い手の意図をより深く、的確に汲み取る必要性が増すであろう。リクルーティングやブランディング、マーケティングのあり方も変わることが想定される。企業自身が、「社会においてどのような事業を展開したいのか」「どのような社会価値を創出したいのか」「どんな未来社会を創りたいのか」という社会的意図を強く持ち、社会に発信していくことが問われるようになる。

　今後は、若い世代が組織内でも育っていき、いずれ組織運営における存在感も高まる。環境やサステナビリティに感度が高いとも言われる現在の若者世代が働くうえで、もしくは消費行動を行

ううえで、企業の社会的な存在価値を伝え、共感・共鳴してもらうことができれば、経営・事業上も将来的にさまざまなメリットが得られるであろう。

「業績目標のみの管理だけでは、何かが足りない」と感じている企業においては、「パーパスのような社会的な意義が加わることで、従業員の経営方針などへの共感や実行に向けたモチベーションが高まり、戦略遂行が加速できる」というようなメリットを期待することも可能だ。

▶デジタル化の流れ

また、デジタル化の流れは、さまざまな業界の垣根をなくし、業界自体の変革を迫ろうとしている。金融業界や百貨店業界など、業界のあり方自体が大きく変わろうとしている業界などで顕著に見られる。こうした流れもパーパスの重要性が改めて問われる背景にあると想定される。

たとえば、金融業界では、制度や環境変化により、これまで主軸を担ってきた対面での営業職員が価値を生みにくい環境が次第に生まれつつある。顧客が必要な情報は、顧客自らがオンラインで自由に手に入る時代になってきているためだ。そうしたデジタル化が進んできた世の中で何が価値として訴求するのか。

こうした例は、金融業界に限らない。デジタル化が加速することにより、これまで提供してきた価値では、お金をもらうことが難しくなる場面が増える。時代の変化とともに自分たちの提供価値自体を問い直し、変化させていく必要がある。

デジタル化に限らず、社会環境変化への対応をおろそかにしているうちに、世の中が先行し、事業のみならず業界自体が窮地に立たされることすら起こり得る。業界が滅びていく背景に、イン

ターネットやSNSなどの普及やDX（デジタル・トランスフォーメーション）の潮流が隠れている場合もある。これまで企業の人材が担ってきた情報の収集や流通は、個人レベルで自由に可能となる時代だ。デジタル化の流れにより情報格差をはじめとして、さまざまな格差が解消されたり、逆に生まれたりすることも想定され、企業には価値提供のあり方自体の転換も迫られるようになる。

　たとえば今後は、AIが台頭し、人からAIに置き換えられていく業界やビジネスほど、こうした流れの影響を受けやすいということも考えられる。属人的でハンズオンに依存する業務や業界では、業界レベルで社会における存在価値を考え直し、再定義しなければ、企業のみならず、業界自体が衰退の道をたどることもあるだろう。

個人の変化

▶物質的な豊かさの飽和

　現代は、物質的な飽和状態に達しつつあるとも言われる。モノがあふれる社会では、従来のような価格・機能では他社と差別化できない。他社商品・サービスとの差別化ができないどころか、商品・サービスの提供価値自体も伝えにくくなる。他社商品・サービスと差別化し、提供価値をより明確に伝えるために、組織がパーパスを掲げ、パーパスに基づく商品やサービスの社会的存在価値を企業姿勢と共に、ストーリー性を持って顧客に伝えることの重要性が高まっている。

図表2-4　かつてと現在の組織に対する個人の価値観の違い

高度経済成長期：
頑張って仕事をする。給料をもらう。豊かになる。
生活水準の向上＝豊か　というシンプルな流れ。

モノがあふれる現代：
お金ではない。価値観が合うか。会社に共感するか。
個人が感じる豊かさや幸せが多様化し、何を基準に仕事を選ぶのかも多様化。
組織におけるモチベーション＝個人と組織のクロスというつながり。

出所）野村総合研究所

　高度経済成長期は、何事も右肩上がりで増えていく時代、生産量も仕事も顧客も増えるというとても分かりやすい時代であった。物質的な豊かさは先進国では満たされ飽和している状態である。これからは、その飽和状態から何を選ぶのかが問われる時代となる。価値による競争・選択の時代（選び・選ばれる時代）であり、より価値のあるもの、より本質的なものが選ばれていく時代である。

▶新たな豊かさの探索

　他にも、たとえば、右肩上がりの高度経済成長期が終焉した現代においては、企業が自らの利益や成長だけを追い求めたとしても、結果として、顧客には喜ばれない。自社のみならず、顧客、社会、取引先などさまざまなステークホルダーのバランスを取る全体最適という思考を持たなければ社会や顧客から受け入れられない、応援されない時代となる。

　このような状況のなか、たとえば、業界自体が傾いてきているのに、他社を蹴落として、自社のみが成長しているという企業姿勢が万が一あるとしたら、それは本当の意味の成長なのだろうか。現代は、このような企業姿勢自体が、社会から批判されるような

時代、そのような新たな豊かさが探索される時代の流れにあるのかもしれない。

▶多様な価値観による競争・選択

さらには、多様な価値観による競争・選択が起こる。かつての高度経済成長期においては、企業は成長を遂げる傍ら、企業組織としてのミッション・ビジョン・バリューを策定し、トップダウンアプローチで組織のなかへ浸透させてきた。こうしたトップダウン一辺倒での方針展開は、かつては機能してきたかもしれない。これからは、現場から見ると合意を得ない、ただの指示命令になりかねない。

ある大企業では、環境激変のなか、会社組織自体が変わらなければという危機感を持っていた。経営としては頑張っているし、現場ともコミュニケーションを取っている。しかしながら、現場の反応を見ると、経営姿勢や事業展開スタンスについて手触り感がなく、共感されないという。

これは、経営層と現場の共感の重なり部分を意識した手法が取れていないことが要因である。経営層が方針や戦略を勝手に決めて、提示しても共感や共鳴を得られる時代ではなくなってきている。多様な価値観を持つ働き手や顧客にどのように寄り添い、選ばれるかを考えなければならない。

企業の変化

これらの「社会の変化」「個人の変化」といった外部環境の変化は、企業に対して変化を迫るものである。従来式の企業経営のあり方が問い直され、今後、新たな企業経営のあり方が一層模索される。

▶事業環境の不確実性の高まり

企業は、世界中と複雑につながり合うなかで事業を展開している。たとえば、サプライチェーン上の課題が事業展開のうえで顕在化することがある。また、業界の垣根がなくなり競争環境が激変したり、あるいは、デジタル化が進み物理的な制約が減少したりするなどの環境変化のなかで、これまで以上に一企業が与える影響力がより世界へ伝わりやすくなっている。

世界全体のつながりが相互に増えてきた結果、これまで、競争相手が限られた領域であったものが、日本全体、アジアへと広がるように、世界がひとつの市場・マーケットと考えられるようになった。

企業は、そうした環境変化のなか、これからは、世界というマーケットのなかでいかに自社を選んでもらうのか、唯一無二の価値をどのように創り出していくのか、などが問われるようになる。唯一無二というときに、単純に事業やサービスの質ではなく、環境への配慮や影響をも踏まえた事業経営をしていることも問われる。普段何気なく購入している商品が、実は、地球全体のつなが

りのなかで創り出されている。そのような環境でこれからはビジネスをしていくということになる。

▶資本主義のあり方再考

　リーマンショック以後に見られた「過度な資本主義への懐疑性の高まり」は、コロナ禍において「資本主義の揺らぎ」に関する議論の再燃につながっている。もともと、株主重視からステークホルダー重視の経営への転換に向けた議論は、新型コロナウイルス（Covid-19）感染拡大以前から動きがあったものである。2020年1月に開催されたダボス会議では、「ステークホルダー資本主義の確立」が議題として掲げられていた。そこへCovid-19感染拡大の影響により、世界の著名な研究者や財界人からも、改めて株主重視型の資本主義からの脱却や再考を促す発言が多く投げかけられた。

　このように近年、資本主義の根本的なあり方を含めて議論が再燃し、それに伴い、機関投資家などから見た企業の判断軸が見直されつつある。これまでは、短期的な財務業績など、分かりやすい基準で判断されてきた面がある。しかし、今後は、中長期視野で、財務・非財務の両面から、持続的に成長し続けることを見極めることも重要となる。

　たとえば、ブラックロックCEOのラリー・フィンク氏によるパーパスや気候変動に関連した企業向けの書簡がひとつの例でもある。サステナビリティを考慮した株主提案の増加などもその表れであろう。資本主義のあり方が再考されるに伴い、投資家による企業の判断軸も変わっていくことになるであろう。

▶組織の求心力の重要性の高まり

　組織を束ねる”求心力“のあり方も問われる。不確実性が高まる事業環境や急激なビジネスモデルの変化が予測されるなか、内外の環境変化に柔軟・機敏に対応するため、これからの組織運営では一層、求心力が重要となる。また、グローバル化や社員の価値観の多様化など、組織運営において遠心力がより働きやすくなる環境でもある。こうした遠心力が働く組織を、企業として、どのようにうまくマネジメントしていくかが今後問われるだろう。

　その方法として、強い遠心力が働くなか、一定の求心力を保つために、「社会における存在」としての企業を社内外のステークホルダーと共有化するという手も取り得る。企業固有のパーパスは、新たに創り出すものではなく、長年にわたり、組織に内在してきたものである。そのパーパスを発掘・再定義し、内外のコミュニケーションに積極的に活かすことで、社内外のステークホルダーからの共感・共鳴を高めることができる。従来の発想から抜け出し、企業自身が社会を向き、社会と共に歩む、社会とともに成長する戦略を実行することにもつながる。

　たとえば、創業家の顔を知らない社員が増えているというファミリー企業、経営統合により改めて求心力を高めなければならないような統合を重ねてきた企業、急速にグローバル化を進めたため、求心力を失いつつあるグローバル企業、事業環境の不確実性の高まりにより経営の機敏な舵取りが求められる企業などが該当する。こうした企業では、パーパスを発掘し、再認識した上で、戦略策定を行うことで、激しい環境変化にも振り回されることのない「ぶれない強み・軸」という強力な武器を持つことができる。

以上のように、社会の変化、個人の変化、企業の変化について述べてきた。これらの変化を踏まえた時、将来、「どのような企業が生き残っていくのか」を考えてみる。

　たとえば、世の中のさまざまな業界のビジネスが次第に成熟していく過程を想定してみる。従来であれば、価格や機能などで勝負していたかもしれない。しかしながら、これから、同業他社と比較しながら「うちはここが便利です」「うちにはこんな機能もあります」といったアピールだけで、商品やサービスの提供価値を高め続けていくことができるだろうか。そのような競争は、いつか限界に達するはずである。

　成熟した市場では、「本当にそこにしかない価値」や「唯一無二のもの」を提供できているような商品やサービスがより支持されやすくなる。さらには、そのような「本当にそこにしかない価値」や「唯一無二のもの」を提供できる企業であるか、という企業のスタンスや姿勢がより問われるようになるのではないだろうか。

パーパス経営へと舵を切るタイミング

　これまで述べてきたように、パーパスを経営の基軸とすることで、経営・事業上のメリットを享受しやすくなっている。このような環境変化のなかで、実際に、企業は、いつどのようなタイミングでパーパス経営へと舵を切るのだろうか。

　これは、「企業に生じるイベント・タイミング」（図表2−5の横軸）と「組織に生じている問題・症状」（図表2−5の縦軸）によって引き起こされる。両者が掛け合わさると舵切りがより起こりやす

くなるが、必ずしも両者が揃う必要はない。

　まず、縦方向に軸が並んでいる各要素は、「企業に生じるイベント・タイミング」である。これは、企業組織のなかで、パーパスを再定義する機運が急速に高まる、もしくはそのような動きが出てくる「直接的なきっかけ」のようなものである。具体的には、

　　●創業○○周年などの周年を迎えるタイミング
　　●長期ビジョンや経営計画の策定タイミング
　　●経営トップの交代など経営の節目

などがあげられる。このほかにも経営統合により新たに理念を構築する必要があるタイミングや、サステナビリティ経営へと舵切りをするタイミング、また場合によっては、企業不祥事など企業

図表２−５　パーパス経営に舵切りをするタイミング

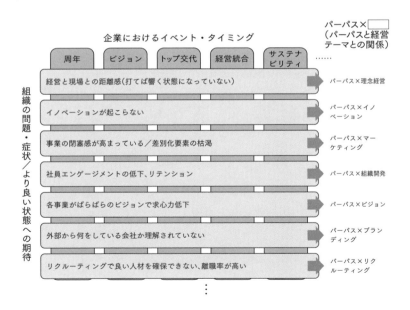

出所）野村総合研究所

の存続を脅かすような事態からの再生を目指すタイミングなども想定される。

　また、横方向に軸が並んでいる各要素は、「組織に生じている問題・症状」であり、企業経営では普段から起こり得るさまざまな症状を示す。これらは、気づかない場合もあるが、日常的に組織に問題を起こしている症状である。本来であれば、普段からこうした症状を常に察知・把握し、適宜、各症状を踏まえた意思決定をするべきである。しかし、実際には、目先の売り上げ利益ばかりに目が行き、見えにくいものが後回しになってしまうことがよく起こる。

　こうした症状が積み重なってくると、いつか、これではいけないという形で、パーパスに症状解決を期待するかのように組織が動き出す。もしくは、組織のより良い状態への期待が積み重なり、それが舵切りの起点となるケースも多い。いくつかの項目を取り上げよう。

▶例1：組織の閉塞感が強い

　たとえば、組織に「閉塞感が高まっている」といった問題・症状があるとする。その背景には、経営における方針や意思決定の一貫性が感じられず、現場の社員からは、自分たちがどちらの方向に向かっているのかが分かりにくいといった原因が潜んでいる。

　この場合、顧客や社会のニーズの変化に場当たり的に反応するなど、時に方針がぶれてしまったり、よく理解できないことが起こっていたりすることがある。本来は、その組織にパーパスが存在し、社員から理解・共感され、それらが日常業務へも組み込まれていれば、組織の閉塞感を打破することができる。また、閉塞感が打破できれば、組織の力が戻り、差別化要素の枯渇からも抜

け出せるかもしれない。こうした期待感から、パーパスに着目するケースである。また、問題・症状という意識はないものの、組織の閉塞感を打破できるのでは、とのポジティブな期待感から取り組みが始まることもある。

▶例2：社員のエンゲージメント低下

また「社員のエンゲージメント低下」といった問題・症状が出ている組織もあるだろう。ある金融機関では、社員エンゲージメントに関する経営トップの問題意識が高く、激変する事業環境変化のなかで、社員エンゲージメントを高め、組織としての求心力を向上させたいと考えている。ビジョンや理念を改めて打ち出して、現場を巻き込んだ活動展開を試行錯誤しているが、どうも反応が弱い、求心力が高まらないという状況が起こっている。

こうした場合も、経営の原点に立ち戻り、社会における存在意義を再定義できれば、改めて求心力を高められるのでは、という期待感が生まれる。

▶例3：良い人材が確保できない

さらには、「リクルーティングで良い人材を確保できない、離職率が高い」といった問題・症状もよく見られるだろう。外資系企業でのケースでは、パーパスに基づいた企業経営・マネジメントが徹底されているおかげで、その企業のサービスを受けた時から、その企業のファンになり、企業のパーパスに共感して入社を希望してくるケース（社会・顧客にも共感されている状態）もあるという。

リクルーティングで良い人材確保ができない、優秀な人材が離

職していく場合も、パーパスを再定義することで、より魅力ある組織をアピールできるのではないかと期待が高まる。

　他にもさまざまな組織によく起こる問題・症状は、実はパーパスの再定義によって、その解決に向けた一歩を踏み出せるものが多い。これは、パーパスが、企業経営の根幹をなし、多様な経営テーマと関連づいているという背景があるためと考えられる。

個人と組織と社会の
関係構築のあり方

　パーパスとは、「揺らぐことのない社会的な存在意義」を指し、「組織や個人が、なぜ、社会に存在しているのか」という根源的な存在意義や存在価値を示す。そして、そこに含まれる社会的大義を"共通言語"もしくは"共通設定"として、個人や組織、そして社会をつなぎ合わせる価値（＝「つなぐ価値」）を有する。

　以上を踏まえると、パーパスの重要性が増している背景は、こうした個人・組織・社会の関係構築のあり方からも、考察することができる。図表2－6は、企業の社会との関係構築のあり方（第1世代〜第3世代）を示したものである。

▶第1世代

　第1世代は、高度成長期、モノが十分に満たされていない時代で、社会課題も山積状態であった。この時代には、多くの創業者

図表2－6　企業と社会の関係構築のあり方（第1世代〜第3世代）

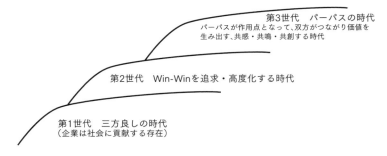

関係構築のあり方の変化
これまでパーパスがなくても関係性が成り立ってきた
これからの時代は、パーパスがあってこその関係性がますます大切

第3世代　パーパスの時代
パーパスが作用点となって、双方がつながり価値を
生み出す、共感・共鳴・共創する時代

第2世代　Win-Winを追求・高度化する時代

第1世代　三方良しの時代
（企業は社会に貢献する存在）

出所）野村総合研究所

が「三方良し」を前提として事業を始めている。すなわち、「社会課題」＝「創業の起点」となった時代である。

　第1世代では、創業者自らが「社会には何が必要なのか」を考え抜き、事業を立ち上げるケースが多く、事業をゼロから創り出す企業が多かった。新しい商品や概念、製品、価値観、生活習慣が創り出されて、時に、文化までもが創り出されるため、事業のユニークさが際立ち、競争環境もそれほど激しくなかった。

▶第2世代

　第2世代は、第1世代の事業をさらに発展させていった時代である。第2世代になると、事業の発展や商品・サービスの改良をたびたび重ねることによって、社会にすでにあふれているモノの価値をさらにどのように高めるかを追求していった。第1世代ですでに立ち上がっている事業や業界の幅を広げたり、内容を高度化したり多角化する動きが多く見られた。

この時代においては、基本的には、企業は厳しい環境のなかで競争をすることとなった。顧客からどれが選ばれるかが問われ、その選択に勝つという競争の時代であった。量を増やせばよい、内容を改良すればよいといった、既存のものを活用することが基本となった。

結果、第1世代のように、ゼロからイチを生み出すという事業展開というよりも、高度経済成長を目指し、一を十に、十を百に、百を千へと高める世界観で事業が拡大された。規模を拡大し、効率性を追求した結果、ある意味、変化や成長が分かりやすく定量的に表現されるものに重きがおかれた。

▶第3世代

そして、第3世代の現代であるが、モノは社会にあふれ、満たされ、飽和状態である。その結果、現代の創業においては、「三方良し」の考え方が存在しないわけではないが、最優先で意識されているというわけでもない。改めてこの新しい時代における「新たな価値」を創ることが意識されている。

最終的には、人間や地球環境やいろいろなリソースの限りがあるなか、人間や社会が何を選び、何を残していくのかを選択する機運が高まっている。この、差別化の重要な観点のひとつが「揺らぐことのない社会的な存在意義」（＝パーパス）となっていくのではないだろうか。そして、パーパスに基づく経営で生み出される本質的な価値が持続成長に向けてより問われる時代となる。

▶今、言語化することの意味

本章では、「今、なぜパーパスなのか」について述べてきた。さ

まざまな社会変化が複合的に絡み合い、パーパスに対する期待感が高まっている。

　しかしながら、よく考えてみると、パーパスは、もともと組織や個人に潜在しているものであり、新たに創り出すものではない。むしろ、組織や個人の内部から発掘して言語化することが大切である。

　その意味では、パーパスはもともと存在していることに変わりはないが、今、それを「言語化」することや、社内外のステークホルダーと「共感・共鳴」することの重要性が増していると言えるのではないだろうか。

　そして、近年は特に「企業が持続成長するためにはパーパスが必要となりつつある」といった考えや、「組織や個人がより生き生きと自らの目標に向かって邁進するためにパーパスが必要である」といった組織をより良い状態に持っていきたいという動機から発して、パーパスに対する多大なる期待感が現れつつある。

　社会・個人・企業に関わる外部環境変化は、ここで述べたものにとどまらず、複雑かつ複合的である。パーパスが「揺らぐことのない社会的な存在意義」を示すという点で、特に近年の社会的な価値観を重視する環境変化には、着目すべきである。そして、外部環境変化に伴い、「社会的存在としての企業組織」がステークホルダーからも期待されるようになった影響は大きい。

　長年にわたり組織に内在してきた「パーパス」を再定義し、社内外に向けてコミュニケーションを図ることで、ステークホルダーからの信頼や共感を高めることができる。戦略遂行を担う社員の観点からも組織の求心力を高め、働く意義や誇りを感じやすくなる。結果、自社の戦略を加速することが可能となると考えられる。

第 **3** 章

パーパスが
息づく企業とは

パーパス・カンパニー

〈ケースでわかる〉
実践
パーパス経営

PURPOSE
Management Handbook

パーパスが息づく企業
＝パーパス・カンパニーとは

　パーパスが注目された背景として、社会的な価値観を重視する環境変化のなかで、改めて企業経営のあり方そのものを見直す必要が生じつつあることは述べた。また、パーパスは、額縁に入れてきれいに飾っておくだけでは意味がなく、日々の意思決定や事業展開のさまざまな場面に反映し、組織に日常的に根付き、息づいているものとしなければならないことについても触れた。

　では、実際にパーパスが日常的に根付き、息づいている企業はどのような企業なのか。ここで、こうした企業組織のことを「パーパス・カンパニー」と呼ぶことにする。

　パーパス・カンパニーとは、パーパス（に該当するもの）が言語として存在するだけではなく、パーパスを組織のなかでうまく体現し、パーパスを経営・事業に存分に活かしている企業のことである。

　筆者らは、具体的に、パーパス・カンパニーを以下のように定義した。

パーパス・カンパニー
①「社会的価値」をビジネスモデルの差別化やコア・コンピタンスの要素として持つ
②従業員自らがその企業組織のあり方や存在意義に共感・共鳴している
③社会的存在として社会や顧客から受け入れられ、長期的に

持続し得るポテンシャルがある

④経営トップ・経営層の社会的視座が高い

⑤大量生産・大量消費型以外のビジネスモデルを志向している

⑥小さくても大きくても、新しくても古くてもよい

▶社会的な価値

　まず、1つ目の要件として、パーパス・カンパニーは、社会的な価値をビジネスモデルの差別化やコア・コンピタンスの要素とし

図表3-1　パーパス・カンパニーとは

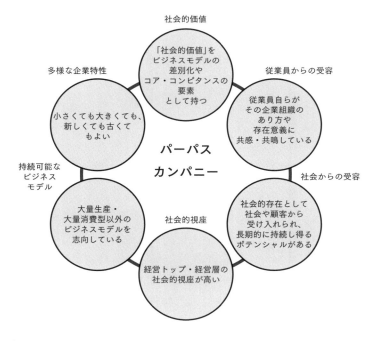

社会的価値

「社会的価値」を
ビジネスモデルの
差別化や
コア・コンピタンスの
要素
として持つ

従業員からの受容

従業員自らが
その企業組織の
あり方や
存在意義に
共感・共鳴している

多様な企業特性

小さくても大きくても、
新しくても古くて
もよい

パーパス
カンパニー

社会からの受容

社会的存在として
社会や顧客から
受け入れられ、
長期的に持続し得る
ポテンシャルがある

持続可能な
ビジネス
モデル

大量生産・
大量消費型以外の
ビジネスモデルを
志向している

社会的視座

経営トップ・経営層の
社会的視座が高い

出所）野村総合研究所

て持つ。これは、当然のことながら、パーパスが単に言語化されているかということだけではなく、たとえば、事業展開などにおいても、パーパスが原材料の調達から商品・サービスの開発、そして、顧客へのコミュニケーションまで、さまざまな場面で反映され、実体を伴っているかを問うものだ。

　よくパーパスを再定義した企業では、対外広報やインターナルなコミュニケーションなどコミュニケーション策に重きがおかれがちである。しかし、その重要性もさることながら、パーパスは、日常のさまざまな経営・事業判断に活かされ、時に、事業のあり方自体を問う存在であることが必要だ。その企業にとって唯一無二であるパーパスによって定義された「社会的な価値」が、ビジネスモデルの差別化やコア・コンピタンスの要素としても機能しているだろうか。

　パーパス・カンパニーとなるためには、パーパスを日常のマネジメントで継続実践し、事業展開上、実体を伴ったものにまで昇華させる必要がある。

▶従業員からの受容

　2つ目は、従業員からの受容があるか、すなわち、従業員自らがその企業のあり方や存在意義に共感・共鳴しているかである。パーパスについて、従業員からの受容があれば、組織の求心力や従業員のやりがい・モチベーション・エンゲージメントへのプラスの効果が生まれやすい。従業員から受容されるということは、従業員が日常的に接点を持つ顧客をはじめとする社内外のステークホルダーとのコミュニケーションのなかでも従業員を通じてその価値や意義が伝播する。パーパス・カンパニーには欠かせない大切な要件である。

▶社会からの受容

　3つ目は、社会から受容されていること、すなわち、その企業が社会的存在として社会や顧客から受け入れられ、長期的に持続し得るポテンシャルが見込めることが求められる。世の中の人々が自社を眺めた際に、はたして、社会でどのような価値を発揮しているかが分かりやすく見えているだろうか。そして、その姿に世の中の人々が同意し、共感し、共鳴してくれているだろうか。

　パーパス・カンパニーでは、その企業の社会における存在価値が世の中の人々にも明確に伝わり、共感や共鳴が生まれている。結果、その企業が社会的存在として、社会や顧客から受け入れられ、長期的に持続し成長し得るポテンシャルを手に入れることができる。

▶社会的視座

　4つ目は、経営トップや経営幹部の社会的視座が高いことである。社会的視座の高い経営層とは、目の前の顧客や市場のことは当然ながら、それだけにとどまらず、その先の先までを視野に入れ、自社の事業がどのように社会全体に広く影響するのかについて、常日頃から意識し、考えている。経営層の社会的視座が高いと目の前の事象に場当たり的に対応し右往左往することがない。

　たとえば、ある企業が、主力事業で顧客の課題解決を実現するサービス提供をしているとしよう。これは普段行っているビジネスであり、これで普段のビジネス自体は成り立っている。

　しかしパーパス・カンパニーの経営層は、社会に対して自社のサービスがどのような影響を及ぼし得るのかを常に考えて業務に

あたり、経営判断をする。顧客の先として、まずは業界全体がどのような方向に向かえばよいのか、政府への働きかけをどのようにすればよいか、場合によっては、業界全体が変わるために従来定められてきた前例や指標から変えようとする動きにまで着手する。これは、特にビジネスモデルの転換点にいる企業には重要な要件となる。

▶持続可能なビジネスモデル

5つ目は、大量生産・大量消費型以外のビジネスモデルを志向していることである。パーパス・カンパニーは、大量生産・大量消費を前提としない。現代の世の中において、顧客にとって何が最善か、何が価値となるかを本質的に捉え直すと、恐らく大量生産・大量消費型のビジネスモデルとはならないはずである。パーパス・カンパニーのなかには、自社のビジネスモデルを従来型から次世代型へ転換させようとする企業も多い。

▶多様な企業特性

そして、6つ目は多様な企業特性である。パーパス・カンパニーは、大企業でなければいけないとか、古くから存在している企業でなければならないといったことはない。企業規模や新旧を問わない。大きくても小さくてもよい。そして新しくても古くてもよい。ただし、パーパス・カンパニーに共通的に見られる要素として、その業界で至極当然とされてきた商慣習やビジネスモデル、社会のあり方に対して問題意識を持っていることが多い。

以上のように、パーパス・カンパニーの6つの要件を定義した。

パーパス・カンパニーとして経営ができていれば、単なる事業規模・売上拡大だけではなく、社会から見た存在価値に重きをおいた意思決定や事業の経営や戦略立案が図られ、その結果、ぶれない経営が実現できる。不確実な事業環境だからこそ、ぶれない経営が実現できることで、企業の持続成長にもつながる。

　このようにパーパスが息づく組織とは、従来の波にのまれず、自ら定義したパーパスに照らし合わせて、社会的な意図や志を高い水準で保持し続けながら経営を貫いている。

　参考までに、ビジョナリー・カンパニーについて『ビジョナリー・カンパニー　時代を超える生存の原則』の著者であるジム・コリンズら（訳：山岡洋一氏）は、著作において、以下のように定義している。

ビジョナリー・カンパニー
①業界で卓越した企業である
②見識のある経営者や企業幹部の間で、広く尊敬されている
③私たちが暮らす社会に、消えることのない足跡を残している
④最高経営責任者（CEO）が世代交代している
⑤当初の主力商品のライフサイクルを超えて繁栄している
⑥1950年以前に設立されている（存続している・永続性）

パーパス・カンパニーへの発展プロセス

　次に、パーパス・カンパニーへの発展プロセスは、どのように描かれるのか。これは、「パーパスの（言語としての）存在有無」と、「パーパスによる共感・共鳴の有無」によって、4つのステップに整理される。

STEP1：パーパスが存在しない段階
STEP2：パーパスが存在しているが、共感が生まれていない
　　　　段階
STEP3：パーパスが存在し、共感が生まれているが、社会と
　　　　の共感には至っていない段階
STEP4：パーパスが存在し、共感が生まれていて、社会とも
　　　　共感し合えている段階

　よく見られるのが、STEP2とSTEP3の間にある企業である。つまり、パーパスは言語として何らか定義されているが、組織構成員の共感・共鳴を得るまでには至っていないケースである。その意味では、どのようにSTEP3へステージアップすればよいのかは多くの企業で課題となっている。これらは、第8章でも触れたい。
　また、STEP3からSTEP4へのステージアップは、パーパスに特有の段階である。パーパスを掲げることで社会とのつながりを創り出せることこそが、パーパスの鍵であり、社内のみならず社外に対しても戦略的に発信していくことで、社会からの共感・共鳴を得ることができる。これは、企業におけるマーケティングやブ

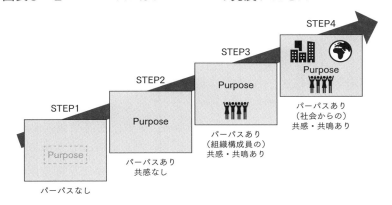

STEP4

STEP3

STEP2

STEP1

Purpose

パーパスなし

パーパスあり
共感なし

パーパスあり
（組織構成員の）
共感・共鳴あり

パーパスあり
（社会からの）
共感・共鳴あり

出所）野村総合研究所

ランディングとしてもパーパスが機能し得ることを示す。

　パーパスを掲げSTEP4の段階まで到達している組織では、組織の価値判断基準や何を大事にするかという根幹が言語化されているため、構成員の意思統一や共有などをマネジメントに活かしやすい。結果、長期的な会社としての存在意義・価値を継続的に高めることにつながる。

　つまり、パーパスが存在する組織では、目指すゴールに向かって、バランスのとれた資源配分ができたり、短期的な時間軸だけにはとらわれない先を見据えた意思決定・経営判断が実現できる。

パーパスの発掘・分析ツール

　ここまで、パーパス・カンパニーの要件や、パーパス・カンパニ

ーへの発展プロセスについて述べてきた。ここで、パーパス・カンパニー診断の枠組みを提示する。診断という名称ではあるが、この枠組みはパーパスの良し悪しを判断するものではない。

パーパスは先に述べた通り、さまざまな経営テーマと紐づきながら組織に根付き、息づく。以下はそれぞれの企業が現在、どのようなパーパス経営を実現している／しようとしているのか、その状態や特性を判断する枠組みである。また、現在企業が抱える課題のみならず、将来、会社としてパーパスを用いて、どのような領域を強化していきたいのかという将来に向けた方向について知り、明確にすることもできる。

パーパスが息づく企業は多様な形でパーパスを経営に活かしている。これらの多様なパーパス・カンパニーを体系的に分析する枠組みが「パーパス・カンパニー診断」である。パーパス・カンパニー診断は、パーパス・カンパニーを志す企業が、パーパスと呼んでいるかの有無は問わずとも、さまざまなステークホルダーとどのようなパーパス・チェーン（＝パーパスを核としたつながりや関係性）形成しているのかを把握する目安となるものである。

パーパス・カンパニー診断では、大きく5つの観点から組織のパーパス経営を分析する。

①パーパスの有無：その企業にパーパスが存在するか（パーパスと呼ぶか否かは問わない）

②活用場面：パーパスを経営・事業のどのような場面で活かしているか

③対象ステークホルダー：パーパスは、主に、どのステークホルダーを意図したものか

④経営テーマとの関係性：パーパスを経営・事業戦略上、どのような経営テーマに活用しているか

図表3−3　パーパス・カンパニー診断の枠組み

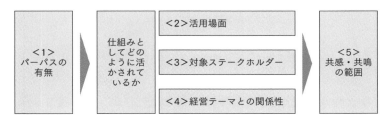

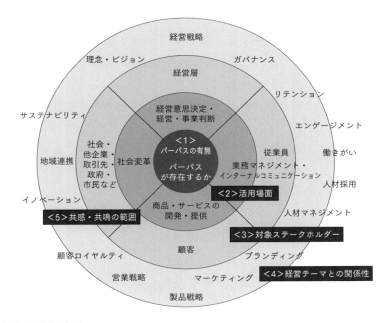

出所）野村総合研究所

⑤共感・共鳴の範囲：パーパスがどの範囲で共感・共鳴されて
いるか

▶観点1：パーパスの有無

　まず、その組織（単位）にパーパスが存在するかどうかを確認する。それをパーパスという名称で呼んでいるか否かは問わない。その企業が意図を持って、自分たちの社会的な存在意義を認識しているかどうかである。

　パーパスは、もともと潜在的であるため、かつては認識していたが、時を経て、見失っているという状態も想定される。見失っている場合には、パーパスはない（＝息づいていない）と判断する。理念を掲げていたとしても、理念が息づいていない、額縁に飾られているだけという状態の場合も、パーパスはないと判断する。

　また、その組織でパーパスが存在する単位についても確認する。企業としてはもちろんであるが、事業本部や部や課など、より細かな組織単位、もしくは個人単位でパーパスを掲げているかである。特に、組織単位でより細かな単位へとパーパスが落とし込まれているかどうかは、パーパスを基軸とした日常的なマネジメントでは重要な観点となる。

　実際にパーパスの有無の判断の仕方は以下の通りである。

　1）パーパスが言葉として言語化されているか（パーパスという定義、社是などに入っているか）＝言葉としての確認（言語化の意味：社会的な存在意義が言語化されているか）
　2）実際に普段の業務や意思決定・マネジメントのなかで社員・役員たちがパーパス的なものを意識した行動・言動・意思決定になっているのか。たとえば、日常的に上司と部下間の会話のなかでパーパスが扱われているかなどがある。あわせて、パーパスが

設定されている単位の確認も行う。

　3）さらには、社会のステークホルダーとの共感・共鳴が起きているか。

　1）〜3）の有無を確認できれば、その企業が、前述のパーパス・カンパニーへの発展プロセスのSTEP1〜4のいずれの立ち位置にいるかが、まず把握される。

▶観点2：活用場面

　次にパーパスの活用場面を確認する。パーパスの活用場面は大きく4つに分けて整理できる。その組織（単位）がパーパスをどのような場面で活かしているのかを確認する。多くの企業では、パーパスの活用場面はひとつに限らず、複数の場面にまたがって活用されている。どのような広がりでパーパスが活かされているのか、そして、主にどの活用場面を主軸としたパーパス経営を実現しているのかも確認する。

①経営意思決定／経営・事業判断
　まずは、経営意思決定や経営・事業判断にパーパスが活かされているかである。たとえば、企業のビジョン・中長期の戦略、中計を検討する際に、必ずパーパスに立ち戻って検討しているだろうか。
　ここに該当する企業では、自社のビジョンや戦略を描く際に、そのビジョンや戦略を必ずパーパスに照らし、整合がとれているか、自社の原点や存在意義と相違ないかが判断される。このパーパスとの整合を確認することは、パーパスを実際の事業戦略に落とし込み実践していくというつながりの確認でもあり、パーパス

が形だけのものではなく、実体を伴うものとするために非常に大切である。

②業務マネジメント／インターナルコミュニケーション

　次に業務マネジメントや主にインターナルなコミュニケーションにおいて、パーパスが活かされているかである。業務マネジメントへ組み入れている例としては、たとえば、人事評価におけるマネジャー評価の項目として、パーパスを意識したマネジメントが組み込まれていれば、パーパスが業務マネジメントまで活かされている証拠となり得る。

　ある企業では業界全体の慣習として、受注件数や受注額といった数字最優先のマネジメントが行われていた。しかし近年、こうしたから従来型の発想からの脱却を志向し、経営トップ自らがパーパスに基づき顧客本位のビジネスモデルに変えていくと意思を固めた。パーパスを再定義し、現場へも浸透させた。

　この企業のようにパーパスが業務マネジメントに活かされている企業であれば、こうしたトップの意思表明によって、現場で独自に何を変えていかなければならないかを現場の社員自らが見通しを立て、中長期の成長・マネジメントを意識した行動に変えていくことができる。現場においても数値を最優先で確認するのではなく、どのように顧客が増えていっているのかといった、自らの提供価値をベースとしたコミュニケーションへと柔軟に移行することができる。

③商品・サービスの開発・提供

　3つ目は、自らのパーパスに基づいて商品・サービスの開発をしたり、顧客へのアプローチにおいてパーパスが戦略的に活用されたりしているかである。

パーパス・カンパニーでは、無理をしなくても自らのパーパスを意識したうえで、パーパスに基づく商品・サービスが自然と開発される。その結果、その商品・サービスは、パーパスを実践するうえでの象徴的な商品・サービスとなり得る。

従業員にパーパスが息づき、そこからパーパスが反映された商品やサービスが創り出されることは、まさにパーパスが実体を伴い機能している状態そのものを示している。顧客が商品やサービスを利用する時点で、パーパスを感じてもらえる商品であればこの観点は満たされる。

たとえば、ナチュラルワインのインポーターであるヴィナイオータでは、ワインの造り手は、さまざまな形で環境への配慮をしている。こうしたワインを消費者が好んで飲むため、結果としてサステナビリティ（＝社会の持続可能性）が実現される。

ヴィナイオータは、造り手の哲学やパーパスに共感し、ナチュラルワインを輸入しているが、それが戦略的に飲み手の共感へもつながっている。こうしたケースは、商品やサービスの提供においてパーパスが基軸に組み込まれ活用されているケースである（第8章で詳述）。

④社会変革

4つ目は、自らのパーパスが、社会変革まで意図され、実際に社会変革までを引き起こしているかである。パーパスが、自らの組織運営において活かされるのみならず、社会変革へも活かされている例としては、鎌倉投信やＬｏｏｏｐ、ラッシュのように、もともと社会変革に向けた志向性が強い企業が該当しやすい（この3社については第7章で詳述）。

その意味で、この④を満たす企業は、もともと社会変革までを意図して創業しているケースが多いが、それに該当しない場合で

も、パーパス経営を発展させていくと、この段階までたどり着く
ケースもある。

▶観点3：対象ステークホルダー

　次にパーパスがどのステークホルダーを意図して活用されてい
るかを確認する。ほとんどの場合、「観点2. 活用場面」の4つに紐
づく形でステークホルダーが特定される。
　①経営意思決定／経営・事業判断の場合は「経営層」、②業務マ
ネジメント／インターナルコミュニケーションの場合は「従業
員」、③商品・サービスの開発・提供の場合は「顧客」、④外部連携
の場合は、「社会全体や他企業、取引先、政府や市民など」となる。
これも複数のステークホルダーを対象としていることが多い。そ
の場合には、どのステークホルダーを主軸においているかを確認
する。

▶観点4：経営テーマとの関係性

　4点目は、経営テーマとの関係性である。これは、パーパスを
経営・事業戦略上、どのような経営テーマと関連づけて活用して
いるかを把握するものである。パーパスは、多様な経営テーマと
紐づく概念である。実際には、たとえば、ブランディングやマー
ケティング、従業員エンゲージメントや理念経営、サステナビリ
ティ経営などの既存の経営テーマとの掛け合わせでパーパスが活
用されていく。どの経営テーマと紐づく活用がなされているかを
確認する。

▶観点5：共感・共鳴の範囲

　最後は、パーパスがどの範囲で共感・共鳴を生み出しているか
である。これは主に観点3のステークホルダーの範囲で、それぞ
れのステークホルダーについて、パーパスに対する共感・共鳴が
生まれているかを確認する。

　特に、組織内のステークホルダーのみならず、社外のステーク
ホルダーにも共感・共鳴が生まれているかが分かれば、さまざま
な経営テーマにおいて、パーパスの意義を実際に見出せているの
かを認識することができる。

図表3−4　パーパス・カンパニー診断結果の例

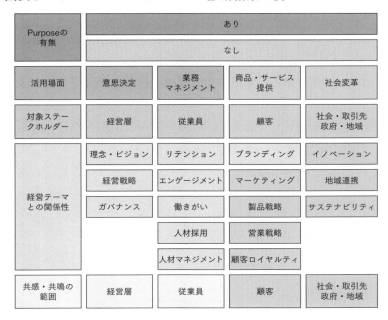

Purposeの有無	あり			
	なし			
活用場面	意思決定	業務マネジメント	商品・サービス提供	社会変革
対象ステークホルダー	経営層	従業員	顧客	社会・取引先政府・地域
経営テーマとの関係性	理念・ビジョン	リテンション	ブランディング	イノベーション
	経営戦略	エンゲージメント	マーケティング	地域連携
	ガバナンス	働きがい	製品戦略	サステナビリティ
		人材採用	営業戦略	
		人材マネジメント	顧客ロイヤルティ	
共感・共鳴の範囲	経営層	従業員	顧客	社会・取引先政府・地域

出所）野村総合研究所

このように、パーパス・カンパニー診断の枠組みを用いることで、自分たちの組織が、どのような場面で、どのような対象を意図して、どのような方法論でパーパスを活用しているのかを再確認することができる。今後、パーパスを再定義し、パーパス経営の骨格を再構築していく企業の場合には、パーパス経営実践に向けた道筋を描くための助けともなる。

　以下、第4章〜第7章では、パーパスが息づく多くの企業との対話を通じて、各企業なりのパーパスの活かし方を見ていきたい。

参考：パーパスを掲げる単位

　パーパスを掲げる組織や単位はさまざまであり、どのような単位でも掲げることができる。大企業に限らず、中小企業や立ち上げ間もないベンチャー企業の方が確固たるパーパスを抱いているケースも多々ある。また、民間企業のみならず、国際機関やNPO/NGOなどの非営利組織や行政組織でも掲げることができる。特に非営利組織や行政組織は、ミッションそのものがパーパスとなっていることが多い。さらには、企業組織単位だけではなく、事業、チーム、個人など、さまざまな単位で考えることができる。

　ただし、重要な要件がある。それは、パーパスを掲げる主体が、その規模の大小を問わず、「意思を持って掲げる」ことができなければならないということである。

第 4 章

実践ケース①

パーパスを経営の意思決定や経営事業判断に活かす

〈ケースでわかる〉
実践
パーパス経営
PURPOSE
Management Handbook

本章からは、パーパス・カンパニーの実践ケースを紹介する。第3章で述べたように、パーパスの活用場面は、その組織がパーパスをどのようなステークホルダーを想定して活用しているかによって、「経営トップ」「従業員」「顧客」「社会」の4つに分けて整理することができる。そこで、以降は、パーパスの主な活用場面を想定しつつ、第4章～第7章に分けてケースを紹介したい。

　まず、最初に実践ケース分類「①経営トップ：パーパスを経営の意思決定や経営事業判断に活かす」を紹介する。

　経営層：パーパスが組織の中枢に位置づき、日々の経営判断・事業判断などに活かされているか

　パーパスは、本来、組織の中枢に位置づき、日々の経営判断・事業判断などに活かされることによって、初めて、さまざまな経営メリットや効果が生み出される。パーパスを経営の基軸と位置づけ、さまざまな経営判断・事業判断に活かしている企業はどのような工夫をしているのか。

　たとえば、全社や各部門で自らのビジョンや戦略を描く際に、組織のパーパスに照らし合わせて、その方向性が整合するかを確認しているだろうか。ビジョンや戦略とパーパスとの整合を確認するということは、パーパスが日々の事業や業務へ一貫性を持って落とし込まれ実行されるという点で非常に大切である。

　本章では、パーパスを組織の中枢に据えて経営・事業を行っている企業ケースとして、ソニーグループ、オムロン、ネスレの3社を紹介する。

　なお、本章以降で紹介する企業は、いずれも社会的存在意義が組織内に息づいていると考えられる企業であるが、パーパスという言葉を使っていないケースも含まれる。その場合は、その企業にとって、いわゆるパーパス（＝社会的存在意義）に該当するものが、実際に日々の経営判断・事業判断などにどのように活かされ、組織内に息づいているのかを紹介している。

「感動」と「人」を軸とした
長期視点での経営を目指す

基礎情報：ソニーグループは、連結売上高（2020年度）約9兆円、連結従業員数約11万人（2021年3月）を抱える世界的企業である。「テクノロジーに裏打ちされたクリエイティブエンタテインメントカンパニー」として、ゲーム＆ネットワークサービス、音楽、映画、エレクトロニクス・プロダクツ＆ソリューション、イメージング＆センシング・ソリューション、金融など多様な事業領域で革新的な商品・サービスを生み出してきた。

▶ソニーグループのパーパスとは

　ソニーグループは、2019年1月に「Sony's Purpose & Values」を定義・公表した。これは、「人に近づく」を経営の方向性として掲げる同社として、「社会にとって意義のある存在であり続け、長期視点での価値創出に向けて全従業員が同じベクトルで取り組んでいけるよう」存在意義を定義したものである。「感動」とその主体である「人」を軸とした長期視点での経営を目指すソニーグループのPurpose（存在意義）は、

> 「クリエイティビティとテクノロジーの力で、
> 世界を感動で満たす。」

である。それを支えるValues（価値観）として、「夢と好奇心」「多様性」「高潔さと誠実さ」「持続可能性」を定義している。

図表4－1　Sony's Purpose & Values

Sony's Purpose & Values

Purpose
存在意義

クリエイティビティとテクノロジーの力で、
世界を感動で満たす。

Values
価値観

夢と好奇心
夢と好奇心から、未来を拓く。

多様性
多様な人、異なる視点がより良いものをつくる。

高潔さと誠実さ
倫理的で責任ある行動により、ソニーブランドへの信頼に応える。

持続可能性
規律ある事業活動で、ステークホルダーへの責任を果たす。

出所）ソニーグループ　ホームページ

▶パーパス定義の経緯

　ソニーグループが「Sony's Purpose & Values」を定義・公表した
のは、どのような経緯からだろうか。パーパスの検討が始まった
きっかけは、2018年4月の吉田憲一郎氏の同社CEOへの就任にま
でさかのぼる。就任後の2018年7月に、吉田氏から従業員に対し
て「ミッションを見直そうと考えている」と呼びかけ、意見を募っ
た。このミッション再定義の背景には、創業以来、ソニーグルー
プの事業ポートフォリオが大きく変化してきたという経緯があっ
たという。

―――――――――

「ソニーグループは、もともと、エレクトロニクス事業を中心に発
展してきたが、近年は、エンタテインメント事業が拡大するなど、

時代を経て事業ポートフォリオが徐々に変化してきている。こうした変化を踏まえつつ、将来にわたってソニーグループが持続的に価値を向上させることを目指した時に、多様な事業が『なぜ、ソニーグループのなかで事業を展開しているのか？』『ソニーグループは何を目指しているのか？』というそのベクトルを合わせることが必要だった」（今田氏）

———————

　つまり、パーパス定義の背景には、将来にわたり、持続的にソニーグループの価値を向上するために、その存在意義を再定義し、多様な事業に携わる社員のベクトルを合わせるという意図があった。なお、ソニーグループには、1946年（昭和21年）1月、ソニーの前身である東京通信工業の創業者のひとり、井深大（ファウン

図表4－2　ソニーグループの設立趣意書（「東京通信工業株式会社設立趣意書」）

真面目ナル技術者ノ技能ヲ最高度ニ発揮セシムベキ自由闊達ニシテ愉快ナル理想工場ノ建設
出所）ソニーグループ提供資料

ダー・最高相談役）が起草した「東京通信工業株式会社設立趣意書」が存在する。

この設立趣意書では、会社設立の目的について、技術者がその技能を最大限に発揮することのできる「自由豁達にして愉快なる理想工場」を建設し、技術を通じて日本の文化に貢献することと記されている。ソニーグループでは、創業以来、経営や事業展開において、何らかの壁にぶつかると「原点回帰」と呼んで、この「設立趣意書」に立ち戻ることが多く、実際に、パーパスを定義する前に掲げていた「ユーザーの皆様に感動をもたらし、人々の好奇心を刺激する会社であり続ける」というミッションは、この設立趣意書の内容を現代でも分かりやすく理解できるように表現したものであるという。

この設立趣意書も、旧ミッションも、そして、2019年に定義されたPurpose & Valuesのいずれも、ソニーグループとしての基軸を示したものであり、この設立趣意書を発端とするソニーグループの「原点」は、いずれも揺らぐことのないものである。

また、パーパス定義の背景には、近年の経営環境変化として、サステナビリティ（社会の持続可能性）の優先度が高まっていることも影響している。吉田氏がCEO就任後、初めて社員向けに発行したブログのタイトルは、「地球の中のソニー」だったそうだ。経営の目線を社会、そして地球へと一段高めて、社会からの期待値を踏まえることができれば、結果として素晴らしい人材を持続的に惹きつけていくことや、各事業の社会的な位置づけや社会にもたらす価値を内外により分かりやすく説明していくことができる。Purpose & Valuesとして社会的な存在意義を再定義することは、サステナビリティ経営の潮流と整合するものである。

▶パーパスを定義することの意味

　ソニーグループには、設立趣意書のように、長い歴史のなかで受け継がれてきた原点があるにもかかわらず、なぜ、改めて、パーパスを再定義したのか。再定義には、どのような難しさがあったのか。そして、パーパスを定義したことによって、ソニーグループにどのような変化が起こるのだろうか。

———————

「ソニーグループが、今回、パーパスを定義する上で、難しいが重要であったことは、多様な事業をひとつのベクトルに合わせていけるような言葉を見つけることだった。グループ全体で掲げるパーパスであるため、あらゆる事業にとって自分事として捉えてもらう言葉が望ましいが、展開する事業が多様化している現状では、どのようにその言葉を見出すのかが、大変難しい。CEOの吉田が中心となり、各事業の責任者と幾度も対話を重ねて表現を研ぎ澄ましていった」(今田氏)

———————

　結果的には、こうした難しさを乗り越え、最終的に公表されたような研ぎ澄まされた言葉によってパーパスを定義することができたという。パーパスには、ソニーグループが事業を展開する上での存在意義がより明確に示されている。それは、クリエイティビティとテクノロジーこそがソニーグループの強さの源泉であり、これらは、どの事業においても共通であるという点である。

　ソニーグループは、「感動」とその主体である「人」を軸とした長期視点での経営を目指すが、そのソニーグループの存在意義とは、

「世界を感動で満たす」ということである。

▶パーパスの定義プロセス

　ソニーグループのパーパスは、どのようなプロセスで、どのような議論を経て定義されたのか。パーパスを定義することの難しさやそれを乗り越える工夫はあったのだろうか。

　ソニーグループにおけるパーパス定義のプロセスで興味深い点は、経営トップの強い熱意のもとで、従業員や経営幹部、海外拠点からも意見を集め、時間をかけた議論を積み重ねて言葉を研ぎ澄まし、パーパスとして完成させていったことである。

　初期の段階より、経営トップから従業員に意見を呼びかけ、従業員からは100を超える声が届いたという。こうした従業員からの意見を踏まえつつ、経営トップとしての案を書き下ろし、マネジメント層やスタッフと議論を重ねながらそれを練り上げていった。また、国内だけで考えるのではなく、海外の経営幹部や、海外従業員へもコメントを求めて内容をブラッシュアップしていったという。

　表現の長さにも留意している。文章が長ければ覚えることが難しくなる。パーパスは、覚えられるものでなければ浸透しない。結果、半年程度の時間をかけ、十分な議論を重ねた上で、経営トップが最終的な表現へと昇華させた。

　パーパスの議論においては、経営トップの関与が重要である。経営トップが熱意を示すと、形式的なパーパスにとどまらず、より本質的な議論が進みやすい。ソニーグループでは、経営トップがミッションの改訂（＝パーパスの定義）について強い熱意と関与を持って取り組んだため、グループ内の意見を効果的に取り入れながら、議論を重ねていくことができた好例である。

このようにソニーグループでは、国内・海外、トップマネジメントから従業員まで幅広い層から意見を拾いながらパーパスを定義している。

パーパスの議論は、ロジカルな正解が存在しないため、なかでもトップの関与と熱意が内容にも大きな影響を及ぼす。同社の統合報告書（2021年）のCEOメッセージにはこう書かれている。「CEOとしての私の3年間を振り返ると、Purposeを 定義し、これを企業文化として定着させてきたことが、最も重要な成果だととらえています」。

また、2019年の経営方針説明会では、吉田氏が記者から「CEO就任1年で最も時間をかけたことは？」と問われ「パーパスの定義に時間をかけた」と回答している。

こうしたトップの強い熱意と深い議論の積み重ねによって、トップマネジメント層がパーパスに対して腹落ちがなされた状態で、パーパスの公表に至った。

一般に、パーパスの定義において、そのプロセスは、パーパスそのものと並ぶほどに重要な要素となる。単に上から降ってきたことではないという腹落ち感・納得感の醸成を図るためにもそのプロセスがいかにあるべきかを、まず入念に検討する必要がある。また端的に表現する点については、急がずに時間をかけてより良い表現を納得するまで追求するということも、パーパス定義後の浸透を効果的にし、パーパスを揺るぎないものとするために欠かせない要件となる。

▶パーパスの浸透・定着に向けた取り組み

ソニーグループでは、パーパスを定義するプロセスにおいても社内から広く意見を取り入れたため、公表された時点でも従業員

の腹落ちや納得感について、ある程度のものが得られたであろうと想定される。実際に、ソニーグループのパーパスが公表された後、社内外にどのように浸透を図っていったのだろうか。

　パーパスの浸透では、特に社内浸透に力点をおいて進めている。パーパスが、最終的には従業員のマインドに入り込み、業務を行う上での基軸となることが大切であると考えているからだ。

　まずは、認知してもらうために、パーパス公表時には、従業員向けにCEOがパーパス定義の経緯を語る動画を配信したほか、ポスターを掲示したり、社内イントラネットでも掲載したりするなど浸透を図った。しかし、文字や写真だけでは腹落ち感の醸成には限界があると考え、このほかにも、CEO自らが各拠点を回ったり、オンラインでのミーティングを開催し、CEOのブログでも熱心に発信した。

　また、浸透においては、マネジメント層から繰り返しその大切さを伝えていってもらうことが重要であると考え、経営トップがスピーチをする機会には、パーパスに触れることに加えて、各事業のトップマネジメントが話すときも、事業の話をする前にパーパスについて話してもらうように働きかけるなど、日常のさまざまな場面において、「パーパスが経営の基軸となること」をグループ全体に感じてもらえるような取り組みを意識的に重ねていった。

　社内報で"My Purpose（マイパーパス）"というシリーズを企画し、事業担当者に自身のパーパスについて紹介してもらうなど、従業員が関心を高める工夫も行われた。

　こうしたパーパスの浸透・定着を推進する体制は、どの部署が担っているのだろうか。ソニーグループでは、グループ全体の従業員コミュニケーションに関わる複数の部署（CEO室、広報、ブランド戦略、人事、クリエイティブセンターなど）が協力し、横串でPurpose ＆ Values事務局（P&V事務局）を立ち上げ推進する。

図表4－3 Purpose & Values（P&V）浸透度・共感度調査結果

Purpose & Values（P&V）浸透度・共感度調査結果

経営チームからの継続的なメッセージの発信や社員の評価制度への反映など、浸透・定着に向けたさまざまな取り組みの結果、2020年度の調査では各設問において好意的な回答が前年度より大幅に増加しました。

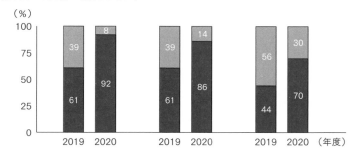

＊2019年度と2020年度で調査方法を変更しています

エンゲージメント指標の推移

2020年度は会社への信頼の向上等が影響し、過去最高水準となりました。即日開示される調査結果をもとに、各組織において継続的な対話とアクションの実行につなげることを重視しています。

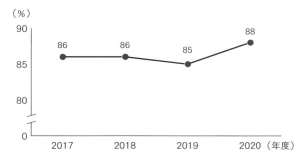

＊エンゲージメントに関する設問において、非好意的以外の回答をしている
　社員の割合

出所）ソニーグループ 『Corporate Report 2021』（統合報告書）

さらに各事業部門にも推進担当を設置し、各事業会社への浸透策を展開する。また並行して、従業員からの反応を把握するため、パーパスに対する浸透度や共感度のモニタリングも実施している。

　ソニーグループでは、以上のようにパーパスの浸透・定着に非常に力を入れている。パーパスは、社内へも社外へもその浸透を図る必要があるが、ソニーグループでは、初期の段階では、まずは社内浸透により重きをおいて浸透・定着活動を展開している点が興味深い。

　そして、推進を単独の部署が担うのではなく、部門横断の事務局が主導し、さまざまな仕掛けを展開している。さらに、施策を行うのみならず、成果の確認のため、浸透度や共感度を確認しながら推進している点も印象的である。パーパスは定義することだけが重要ではなく、共感・共鳴されることが鍵である。特に、社内浸透に力を入れ、まずはパーパスを実践する従業員一人ひとりの共感・共鳴を得ることで、パーパスが組織に息づくような取り組みを目指している。

　実際に、ソニーグループでは、経営チームからの発信や、さまざまな浸透の仕掛けなどの継続的な取り組みの結果、同社が実施しているP&V浸透度・共感度調査結果では、2019年度⇒2020年度で好意的な回答が大幅に増加した。また、2020年度の会社への信頼度向上等が影響し、エンゲージメント指標も過去最高水準になったという。

▶パーパスが定義されたことの意味

　ソニーグループにとってのパーパス定義の意味とはどのようなものであったのだろうか。
　ソニーグループでは、パーパスが定義されたことにより、たと

えば以下のような意義が見出せるものと考えられる。

・グループ全体の持続的な価値向上のために各事業のシナジー
　を創り出し、新しい価値創造につなげていくその土壌を形成
　していくことができる
・事業環境の変化への対応や新事業の立ち上げにあたり、事業
　の優先度がより判断しやすくなる
・パーパスを掲げることによってパートナーとの積極的に連携
　ができる
・より優秀な人材採用に活かすことができる

　新たに事業を始める際にも、その事業がパーパスと整合してい
るかを確認するなど、パーパスが、経営や事業のひとつの目安や
判断軸としても活かされることがあるという。また、事業計画を
策定する場面では、パーパスに基づく「思考プロセス」が組み込ま
れ、たとえば、ソニーグループのパーパスに対して、各事業がど
のように貢献していくのかということを考える機会が設けられる。
　このようにパーパスを経営の基軸に位置づけ、経営・事業判断
や、事業の方向性を検討する際にもパーパスが確認されるなど、
ソニーグループのパーパスが言葉だけではなく、実体を伴い、組
織のなかに息づくものであることが理解できる。実際に、従業員
のエンゲージメント調査でも、パーパスを定義し浸透を図った後
にエンゲージメントの数値が高まるなどの効果が見られている。
　以上のように、ソニーグループのパーパスは、社内への浸透を
重視している点に特徴が見られる。「人に近づく」という経営の方
向性を踏まえた将来の持続的な価値向上を見据えると、存在意義
を再定義することによって、多様な事業のベクトルを合わせるこ
とが必要である。

パーパスが日常のマネジメントや業務の中で活かされることを重視し、また、パーパスが従業員のマインドにまで入り込み、経営・事業の基軸となることも目指している。ソニーグループのケースは、さまざまなインターナルコミュニケーションの結果、従業員のパーパスに関する浸透度・共感度が高まり、エンゲージメント数値も向上するなどの効果を生み出している好例である。

［インタビュー先 ］
ソニー株式会社
執行役員　広報、渉外、サステナビリティ担当
今田真実氏

企業理念「実践」経営により、企業価値向上を目指す

基礎情報：オムロンは、オートメーションのリーディングカンパニーとして、工場の自動化を中心とした制御機器、電子部品、駅の自動改札機や太陽光発電用パワーコンディショナーなどの社会システム、ヘルスケアなど多岐にわたる事業を展開し、約120の国と地域で商品・サービスを提供している。従業員数は、国内外あわせて約2万8000人（2021年3月末時点、同社ウェブサイトより）。

▶オムロンの企業理念経営とは

オムロンは、「企業理念」を大切にするだけではなく、企業価値創造につなげていくため、その「実践」を重視する。オムロンの企業理念は、Our Mission（社憲）と Our Values（私たちが大切にする価値観）により構成され、これがいわゆるパーパスに該当するものと考えられる。

同社は、この企業理念を基軸とした経営を推進し、企業理念を「私たちの判断や行動の拠りどころであり、オムロンの求心力であり、発展の原動力」として位置づけている。「実践」を重視する、オムロンの企業理念経営では、企業理念を従業員が認識したうえで、日々の業務で実践するためのさまざまな仕掛けがある。

こうした仕掛けにより、企業理念を概念レベルにとどまらせることなく、長期的な計画や、従業員の日々の業務、そして、業務に取り組む従業員の思いにまで昇華させることで、企業理念を日々の業務にまで落とし込む。パーパス経営でいう「共感」や「共鳴」がグローバルな従業員起点により生まれるレベルまでを目指

した実践重視の企業理念経営が特徴的である。

　オムロンが掲げる企業理念は、Our Mission（社憲）とOur Values（私たちが大切にする価値観）により構成される。

　Our Mission（社憲）は、

Our Mission（社憲）
「われわれの働きで　われわれの生活を向上し
よりよい社会をつくりましょう」

である。Our Values（私たちが大切にする価値観）では、

Our Values（私たちが大切にする価値観）
「ソーシャルニーズの創造」
「絶えざるチャレンジ」
「人間性の尊重」

の3つを掲げる。これらの企業理念の表現には、「事業を通じて社会課題を解決していくこと」の考え方が包含されている。

▶オムロンが目指す「企業理念"実践"経営」

　前述の通り、オムロンは、「企業理念」を大切にするだけではなく、企業価値創造につなげていくため、その「実践」を重視する。

「本来、企業理念と日々の業務は一体化していて当然だが、さまざまな事業運営上の制約から分離してしまうことがある。企業は、自ら果たすべきコーポレートガバナンス責任を認識したうえで、

図表4-4　オムロンの企業理念（2015年改定）

```
                    Our Mission
                      （社憲）

  われわれの働きで われわれの生活を向上し よりよい社会をつくりましょう

                    Our Values
                  私たちが大切にする価値観

  ・ソーシャルニーズの創造
      私たちは、世に先駆けて新たな価値を創造し続けます。

  ・絶えざるチャレンジ
      私たちは、失敗を恐れず情熱をもって挑戦し続けます。

  ・人間性の尊重
      私たちは、誠実であることを誇りとし、人間の可能性を信じ続けます。

  オムロン企業理念                              2015年5月改定
```

出所）オムロン提供資料

本気・本音で企業理念経営に取り組まなければ意味はない。そして、コーポレートガバナンス責任を果たすことは、『誠実な経営を実践する』ことと『持続的に稼ぐ力を発揮する』ことに集約でき、この両立に努めることが重要である」（安藤氏）

＿＿＿＿＿＿＿＿＿＿

　このように、オムロンの企業理念経営は、コーポレートガバナンス責任を果たすことがその背景にあり、また、企業理念経営は、最終的には企業価値創造にまでつなげていくことが、その本質であると考えられている。そのため、企業理念経営が日々の業務と一体化されるまで落とし込むことを重視しているのだ。

▶企業理念と事業戦略をつなぐ「経営のスタンス」

　では、実際にどのように企業理念を日々の業務まで落とし込んでいるのだろうか。

――――――――――

「企業理念経営というのは、『企業理念』に基づく『経営のスタンス』を宣言し、『長期ビジョン』を掲げ、『オムロングループマネジメントポリシー』に則った経営を行うことである」（安藤氏）

――――――――――

　オムロンでは、2015年5月に企業理念の改定を行い、同時に、「経営のスタンス」を定義した。この「経営のスタンス」は「すべてのステークホルダーに対して、事業を通じて企業理念を実践していくための経営の姿勢や考え方を宣言」したものである。この経営のスタンスが、企業理念を理念レベルにとどめずに、事業戦略まで落とし込む鍵となっている。

　一般に、企業理念を従業員一人ひとりが日々の業務の中で実践し、常に感じ続けることは容易ではない。同社は、企業理念を日々の業務で実践するためには「経営のスタンス」が必要であると考えた。この「経営のスタンス」は、企業理念と事業戦略の間に位置づく概念であり、コーポレートガバナンス責任をグローバルな従業員が理解しやすい言葉へと昇華させたものである。

　企業理念に自社らしさを表現している企業はあるが、この「経営のスタンス」を策定することで事業戦略とのつながりを意識し、業務マネジメントまでしっかりと落とし込もうとする企業はあまり見られない。オムロンでは、「経営のスタンス」を策定すること

図表4-5　オムロンの「経営のスタンス」

経営のスタンス

私たちは、「企業は社会の公器である」との基本的考えのもと、
企業理念の実践を通じて、持続的な企業価値の向上を目指します。

● 長期ビジョンを掲げ、事業を通じて社会的課題を解決します。

● 真のグローバル企業を目指し、公正かつ透明性の高い経営を実現します。

● すべてのステークホルダーと責任ある対話を行い、強固な信頼関係を構築します。

出所）オムロン提供資料

によって、企業理念経営において、よく起こりがちな企業理念と現場との乖離を防ごうとしている。

――――――――

「『経営のスタンス』は、オムロンの社内で暗黙知として存在していたものを言語化したもの。暗黙知を適切な表現とするため、オムロンの特徴や強みの理解に加えて、株主・投資家のみならずすべてのステークホルダーが自社に何を期待しているかを含め、"目指すべき経営"を形式知として表現している」

「上場企業に求められることを突き詰めると、『インテグリティとサステナビリティの両立を自律的・自発的に目指すこと』。パーパス経営は『目的』であるが、企業価値を向上させるための『手段』であることも強く意識する必要がある」（安藤氏）

――――――――

たとえば、経営のスタンスの中には、「長期ビジョンを掲げ、事業を通じて社会的課題を解決します」という表現が含まれている。この「長期ビジョンを掲げること」は、"経営の羅針盤"となる。すなわち、企業理念を「理念レベル」にとどまらせることなく、長期視野での社会的課題の解決を通じて、事業戦略という「実践レベル」まで落とし込む役割を果たす。

　「企業理念が表面的にのみ理解されてしまうと、社会課題の解決につながる活動がすべて素晴らしいと誤解されてしまうのは問題である。なぜなら利益を追求することも重要だからである。また、誠実な経営を行うためには、もちろん攻めだけでなく、守りの実践も不可欠である。これらの取り組みを総合的かつ統合的・一体的に実践することが、オムロン流の企業理念『実践』経営である」（安藤氏）

　確かに、理念と事業戦略が完全に一体化されている企業は、そう多くない。企業理念は企業理念、事業戦略は事業戦略といった具合に、実際にはそれらが分断されてしまっているにもかかわらず、何となく「自然につながって実践されているであろう」と考えてしまっている企業が多いのではないだろうか。
　実際は、両者をつなぐ考え方（オムロンでいう経営のスタンス）がなければ、企業理念と事業戦略の分断が起こりやすいのが実態ではなかろうか。企業理念と事業戦略、コーポレートガバナンス責任と誠実な経営、そして利益追求など、企業経営において分断されやすいさまざまな要素を一体的に統合的に実践することに重きをおいたオムロン流の企業理念経営こそが、オムロンでいう

「企業理念『実践』経営」である。

───────────

「『企業理念実践経営』とは、『統合的でサステナブルな経営』とも言い換えられる。企業経営においては、企業理念、長期ビジョン、中期経営計画、ESGマネジメント、グループリスクマネジメントなどがひとつのコンセプトで統合されている必要がある。実際に、企業内では、各組織がそれぞれの役割（長期ビジョン・中期および短期経営計画・資本生産性・ESG対応など）を分担するため、主幹部門の認識が統一されていなければならない」

「経営情報の開示、ディスクロージャー、IR活動は、すべて統合されている必要がある。経営トップや各領域の担当役員の発言には一貫性が求められる。そのためにはポリシーや運営方針通りに実践することが重要であり、しないのであればその理由を明快に説明する必要がある。実践していないにもかかわらず、声高にパーパス経営を謳うような『2枚舌経営』には陥ってはならない」（安藤氏）

───────────

　また、グループレベルで企業理念（＝何のために事業を行うのか）を定めるのであれば、事業部単位でも同じように理念が必要となるという。

───────────

「各事業部単位にまで落とし込まれることで、すべての事業＝社会課題と一辺倒に"みなしてしまう"ような、社会的課題解決の"上滑り"を抑止することが可能となり、事業面における本質的な

社会課題解決の実践につながる。その際には、オムロンが能動的
に取り組むべき事業セグメントを決める必要もある」（安藤氏）

　こうした統合的でサステナブルな経営を実現するために、オムロンでは、企業理念が「経営のスタンス」を通じて、日々の業務にまで落とし込まれているのだ。

▶TOGA（The OMRON Global Awards）

　オムロンでは、企業理念を掲げるのみならず、経営のスタンスというオムロンならではの経営体系を通じて、企業理念を実践レベルまで落とし込む。しかし、それらのトップダウンの啓発のみでは、従業員は受動的なままであり、真の意味での企業理念経営は実現しないと考えている。

　そこで、オムロンでは、トップからの啓発を受けた従業員が、どのようにすれば理念を実践できるかを考え、従業員からのボトムアップの活動を促す仕掛けとして、「TOGA（The OMRON Global Awards）」（事業を通じた社会課題の解決の実践の枠組み）を展開している。

　TOGAは、企業理念の実践にチャレンジし続ける風土の醸成を狙った仕掛けであり、グローバルの全社員を対象に、チームを組成し、それぞれのチャレンジを宣言し実行（有言実行）してもらう。そして、企業理念の実践度合いを評価軸として、それぞれのチャレンジをグローバル全社で共有し合う。2012年に開始し、2020年度はテーマ数が、6461件、参加延べ人数は、5万1000人を超えている。「TOGA」は、単なる表彰制度にとどまらず、イノベーションの誘発にもつながる仕掛けとなっている。

オムロンでは、このように企業理念を浸透させるのみならず、企業理念に基づく従業員の主体的な取り組みを創り出すために、従業員を巻き込んで企業理念の実践を促進する取り組みを積極的に展開している。グローバルレベルで現場や従業員起点による発展の原動力（良い意味の遠心力）を発揮するために「現場と経営との距離を企業理念で近づける」ことが意図されている。

▶従業員の意識

　オムロンの企業理念実践経営は、従業員にとって、どのように見えているのだろうか。「TOGA」の活動を開始して以降、企業理念経営を実践することの意味を多くの従業員が腑に落ちて理解し始めているという。近年では、「TOGA」は、従業員にとって、オムロンの企業理念実践経営の象徴であるとも捉えられつつある。
　企業理念経営では、従業員自らが企業理念に共感・共鳴しなければ、その価値が生み出されない。企業理念を実践するべく「TOGA」で試みられた従業員による多様なチャレンジは、オムロンのイノベーションを加速させることにもつながっている。企業理念の浸透活動は、単なる求心運動ではない。「TOGA」は、オムロンが企業理念に掲げる「よりよい社会」に向けて、各従業員が自らの取り組みを実践する機会を生み出しているのだ。
　オムロンでは「企業理念『実践』経営」にさまざまなリソースを投入しているが、その結果、「売上・利益」と「社会的評価」がリターンとなり、経営層や従業員のモチベーション向上につながっている。

――――――――

「かつては企業理念を標榜するが故に、明らかに経営陣にも従業

員にもオムロンは『良い会社』であるという思い込みがあった。それは、自らの強みと課題を認識できておらず、『何となく良い会社』として企業価値創造に対する意欲が欠けていた。しかし現在では、代表的なグローバルなESGインデックスで極めて高い評価を獲得するなど社会的評価も得て、一層企業価値を高めたいという緊張感のあるモチベーションが醸成されてきている。企業理念実践経営は、元来『真のグローバル企業になりたい』『グローバル社会から必要とされる企業になりたい』という強い信念に基づいて進めてきたが、それがステークホルダーからの高評価という形で表れ始め、経営陣・従業員一体となった好循環がでてきた」

「社会的評価が得られれば、企業の信頼性の向上やさまざまなステークホルダーとの関係構築にもつながる。その結果として、株価にも良い影響を与えることができる。人材獲得においても、Z世代を中心に『いい会社』に行きたいと思う人が増えており、就職ランキングの向上につながることも期待できる。これらの意味で、企業理念『実践』経営の財務的・社会的なリターンは確実に存在する。統合的でサステナブルな経営をすると、すべてが良い方向に向かっていく。経営者が、（こうした経営を）企業活動の投資として捉えるマインドセットが必要となる」（安藤氏）

────────────

　オムロンの企業理念実践経営は、投入してきたリソースに対して、リターンが感じられるほどにまで整いつつあるが、実際に、このような好循環が回り始めるまで、どれくらいの時間を要するのだろうか。

「経営者の努力次第である。本気で取り組めば3年間で実践できる。他企業の成功事例を参考にして、自分たちが重点的に取り組むテーマを決め、一歩一歩改善することが肝要である。ただし、その際に経営陣のトップダウンによるアプローチと従業員からのボトムアップによる活動を融合しなければ企業理念の実践は絶対に不可能である」（安藤氏）

　投入するリソースに対して、リターンが確約されていない段階で、オムロンのように、企業理念を理念レベルにとどめることなく実践レベルにまで落とし込むためにさまざまな仕掛けや工夫を施し、さらに経営コンセプトや要素をつなぎあわせて統合的な経営スタイルとして確立していくには、相当な社内外への説得・理解が必要であったのではないか。本ケースはこのような難しい取り組みにもかかわらず、粘り強く、数年単位で、取り組みを継続させたことでさまざまな効果を生み出しつつある好例である。

▶共感・共鳴を創り出すアプローチ

　オムロンでは、企業理念経営が、企業理念「実践」経営にまで、すでに昇華されているように見える。この状態にまでもっていくためには、通常は、そう容易ではない。売上・利益など従来の業績数値を中心とした説明や説得は、何よりも物事を進めるのに分かりやすいはずである。オムロンが実践するような企業理念を核とした統合的なアプローチが成功し、各要素が好循環を生み出すためには、どのようなことが必要なのだろうか。

「誰かを啓発する際に最も必要なことは、『ロジック』と『エビデンス』である。これらは単一の企業や組織のような閉ざされた世界では生まれないため、社外のインフルエンサーとのコミュニケーションを通じて情報収集・意見交換を行い、真摯に対話やエンゲージメントを行うことが重要である」

「終身雇用が前提の日本企業では、どうしても忖度<ruby>忖度<rt>そんたく</rt></ruby>が起こる。オムロンは経営課題として『イノベーションの加速』と『ダイバーシティ』を掲げている。特にダイバーシティについては、経営チームが気心の知れたメンバーで同質化しないように、国籍やジェンダーといった属性ではなく、『異なる考え方や知見・経験を持つメンバーを周りにおく』ことが重要である。企業理念経営・パーパス経営を実践するためにはやるべきことが多く、それ相応の投資を行わなければならない」(安藤氏)

▶企業理念経営の実現に向けて

　オムロンは経営理念"実践"のサイクルがすでに回り始めているが、そのためにはどのような工夫が必要なのだろうか。

「まず、経営トップのリーダーシップは必須であり、特に『どのようなアプローチで企業価値を創造していくか』という点が重要。また、企業理念『実践』経営の考え方には、資本コスト経営(＝資

本コストを上回るリターンを持続的に創出し続ける経営）の概念が包含されているべきだろう。時代のニーズは変化し続けるものであり、企業が社会に役立つためには、研究開発や設備投資をし続けなければならない。そのためには、質の高いさまざまな資本と潤沢なキャッシュフローが不可欠である。その意味で、持続的な利益の伴わない企業理念経営などまったく意味はない。そして、当然、理念の実践に貢献した従業員に対する利益配分や支援してくれた株主への還元も配当がなされるべきである」

「日本企業はPL重視・売上重視の経営をしてきたが、本来あるべき経営とはBS経営およびCF経営である。なぜならPL経営は短期志向（ショートターミズム）に陥ってしまい、企業価値創造に必要な成長投資を実行しようとする意識が弱くなる。逆に、BSおよびCFを念頭におき、ロングターミズムで中長期に必要なことはやると決め、実行することが必要となるからである」（安藤氏）

───────────

　こうした考えを踏まえると、オムロンの企業理念「実践」経営が、単なる企業理念の定義とその浸透にとどまらないものであり、「経営のあり方」自体を深く問い、追求している取り組みであることが分かるだろう。オムロンでは、企業理念、長期ビジョン、中期経営計画、ESGマネジメント、グループリスクマネジメントなどのあらゆる経営概念・要素を統合させ、経営そのもののあり方を追求する企業理念「実践」経営を進めようとしているのである。

［ インタビュー先 ］
オムロン株式会社
取締役
安藤 聡氏

創業150周年のタイミングで
存在意義を再確認し、言語化

基礎情報：ネスレ：スイスに本社がある世界的な食品メーカーで、従業員約27万人、世界81か国に376工場を持つ。地域ごとに味の嗜好や宗教などが異なることを踏まえ、世界各国に工場を持ち、現地でローカライズして製造・販売するというビジネスを展開する。全世界で2000を超えるブランドを186か国で販売している。

ネスレ日本：ネスレの日本法人で1913年に創業し、2013年に創業100周年を迎えた。飲料、食料品、菓子、ペットフード事業などを展開する。

▶ネスレのパーパス経営とは

　ネスレは、創業150周年にあたる2016年に初めてパーパスを言語化した。その後、事業ポートフォリオやビジネス戦略を考慮して表現に改訂を加え、現在、ネスレが掲げているパーパスは次のようになっている。

Our purpose
Unlocking the power of food to enhance quality of life for everyone, today and for generations to come.

ネスレの存在意義（Purpose）
ネスレは、食の持つ力で、現在そしてこれからの世代のすべての人々の生活の質を高めていきます

「ネスレにとって、パーパスとは、存在意義を表し、組織や従業員が働くうえでの基本になるものであり、経営・事業を行ううえでのぶれない基本的な考え方、経営や事業を展開するうえでのコンパス（羅針盤）となる。ビジョンが"自分たちがどうしたいか""どうなりたいか"を定義するのに対して、パーパスは、"社会へのインパクト"や"社会への影響"といった第三者的な観点を強く意識したもの」（嘉納氏）

このように、ネスレのパーパス（存在意義）は、ネスレという企業がなぜ存在しているのか、これからもなぜ存在し続けるのかの意味を表したものである。多様な事業を展開するネスレにとって、パーパスは、グループ全体に傘をかぶせるような存在であり、経営の基軸に位置づくものである。ネスレでは、パーパスが経営の根幹となり、経営の意思決定やさまざまな事業判断にも活かされている。

なお、ネスレがパーパスを言葉として定義したのは2016年が初めてであり、古くからパーパスを言語化していたわけではない。一方、ネスレのパーパスは、まったく新しくつくられたものでもないという。なぜなら、ネスレは、創業以来、150年間にわたって揺るぎない考え方や価値観に基づき、事業を展開してきたからである。

その過去の150年を振り返り、そして、これからの150年、200年の将来を考え、創業150周年のタイミングで共通の存在意義を言語化したのである。その意味で、パーパスは、過去からネスレの内部に潜在していたが、明確に言語化はされていなかったとい

図表4－6　ネスレの存在意義（Purpose）

ネスレの存在意義（Purpose）

**ネスレは、食の持つ力で、現在そしてこれからの世代の
すべての人々の生活の質を高めていきます**

Good food, Good life

出所）ネスレ日本提供資料

うのが正しい。150年という歴史を経て、世界中で多様な事業展
開を図るネスレにとって、長い間受け継がれてきた共通的な存在
意義を2016年に初めて、言語として定義したのである。

▶ネスレにとってのパーパス

　ネスレにとって、パーパスとはどのような存在なのだろうか。
パーパスを考えるとき、多くの企業において、創業時から受け継
がれてきた"DNA"（＝その企業に長年受け継がれてきた揺るがな
い原点）に立ち返ることが欠かせない。これは、ネスレにおいて
も同様である。では、ネスレにおいて創業以来、長年にわたり受
け継がれてきたDNAとはどのようなものなのだろうか。

　ネスレは、1867年にアンリ・ネスレが創業した。創業当時は、
「早産児が母乳を飲むことができず、有効な母乳代替食品の不足
から多くの乳児が栄養不足で亡くなっていた時代」であった。ア
ンリ・ネスレは、そのような時代において、自ら開発した乳児用

乳製品をある赤ん坊に与えたところ、命を取りとめることができた。これがネスレを創業した経緯であり、以来、「事業（食）を通じて社会的課題を解決する」というのがネスレに長年受け継がれてきたDNAとなっている。

ネスレとは、ネスト（小さな鳥の巣）という意味を持ち、コーポレートマークである鳥の巣マークは、「母鳥から小鳥へ愛情を注いでいる様子」を、そして、葉っぱは、「自然（ネイチャー）」を表しているという。このコーポレートマークは、アンリ・ネスレの家紋でもある。このように創業したネスレが、創業以来、150年もの間、受け継がれてきた「事業（食）を通じて社会課題を解決するという」考え方は、現代においても変わらない。こうした創業以来変わらない原点を踏まえて、2016年にパーパスが言語化された。

従来、ネスレでは、「誰もが信頼する栄養・健康・ウェルネス企業になる」というビジョンを掲げてきた。しかし、近年では、コーポレートスローガンの「私たちは、Good food, Good life カンパニー、ネスレです。」を強く押し出したパーパスをより前面へ打ち出すようになっている。

ネスレにおいて、従来掲げてきたビジョンと、新しく定義したパーパスでは何が異なるのだろうか。ネスレのパーパスは、第三者的な観点から「社会にどのような影響を及ぼしたいか」という意図が含まれている点が大きな特徴である。

従来、ネスレでは多くの事業で、それぞれのビジョンが掲げられてきた。たとえば、それらは「〇〇分野でのリーダー的企業になる」といったビジョンであるが、これは"自分たちがどうしたいか""どうなりたいか"を記述しているものであった。これに対して、ネスレのパーパスは、"社会へのインパクト"や"社会に対してどのような影響をもたらしたいか"について第三者的な観点が

図表4-7　ネスレの存在意義・価値観・3つの影響分野

出所）ネスレ日本提供資料

より強く意識されて言語化されているのだ。

▶パーパス言語化の背景

　では、なぜ、2016年というタイミングで、ネスレは、パーパスを言語化したのだろうか。ネスレは、多様な事業を展開しているが、近年は、それぞれの事業がそれぞれのビジョンを掲げるように変化してきていたという。たとえば、ヘルスケアは"科学"、食品は"美味しさ"というように、それぞれの事業で、それぞれの事業成長の方向性や提供価値を掲げるようになっていた。

　一方、ネスレグループ内では、近年、多様な関連する経営用語が使われるようになっていた。たとえば、CSV（Creating Shared Value：共通価値の創造）やNHW（Nutrition, Health & Wellness：栄養・健康・ウェルネス）戦略などである。2016年のパーパスの言語化にあたり、これまでネスレのなかで使われてきたさまざまな経営用語をパーパスの傘のもとで整合させることとなった。

これまで使われてきたCSVやNHWという言葉は今後も使われるが、たとえば、CSVは、パーパスを実現するためのひとつのアプローチとして位置づけられた。パーパスの再定義にあたり、グローバルレベルでパーパスと経営用語の関係についての説明や周知も図られたという。

▶パーパスの表現の見直し

　一般に、パーパスは、長年存続するものであるが、事業領域や事業ポートフォリオの変化に応じて、パーパスの表現を見直したり、新たにパーパスを再定義したりすることがある。ネスレではパーパスを言語化した2016年以降の4年間ほどで、事業領域を食品・飲料事業にフォーカスした。これに応じて、パーパスの表現についても改訂を加え、新たに"食の持つ力で"という表現が追加された。

　この"食の持つ力で"は、英語の表現では、「Unlocking the power of food」である。ネスレは、世界的な食品企業として、世界最大規模の研究開発投資を行っている。「Unlocking the power of food」という表現には、「食には、今、そしてこれからの世代のすべての人々の生活の質を高める力がある。食の力、潜在的な力を解き放ち、その力を人々の生活の質向上につなげたい」というネスレの強い意思が込められている。186か国で事業を展開し、150年前から食品・飲料分野で社会課題解決を牽引してきたネスレだからこそ掲げることのできる「Unlocking the power of food」という表現である。この見直しにより、パーパスにネスレならではのフレーズが追加されたこととなる。

　このように、パーパスというのは、原点こそ変わらないが、たとえば、事業ポートフォリオの変遷によって、表現を変えること

がある。ネスレにおいても、社会環境の変化に合わせ事業や戦略の強弱をつけていくなかで、今後の成長ドライバーを考えた時に、食品・飲料分野にフォーカスした事業活動の核となるであろう「食の持つ力」（「Unlocking the power of food」）をネスレならではの存在意義の表現として加えたのである。

▶ナラティブの開発

　ネスレにおいて、パーパスの従業員への浸透はどのように行われているのだろうか。
　そこには、ナラティブ（その人が主体となって語る物語）の開発がある。ネスレのナラティブは、ネスレのスイス本社において「ネスレとは何者で、何を行い、なぜ、そしてどのようにそれを行う

図表4－8　ネスレのナラティブに関する資料

出所）ネスレウェブサイト

のか」を簡潔な言葉で表したもので、それらはネスレの道しるべとしての役割を果たすものである。

　ナラティブは、ネスレの取締役会とエグゼクティブボードの意見が反映され、同時に世界の100人以上の従業員からのアドバイスも踏まえて作成されたという。これらは、トップマネジメントのメッセージとともに、2020年にネスレ社内に共有された。

　ネスレ日本では、パーパスの理解を深めるために、スイス本社が発行する各種のドキュメントやコンテンツを共有することに加えて、「従業員」に焦点をあてた社内コミュニケーションを展開している。たとえば、日本でサステナビリティに関わるプロジェクトに取り組む従業員へのインタビュー記事を展開し、具体的な仕事やプロジェクトの紹介を通じて、パーパスやサステナビリティへの関心や理解を深めてもらうことを目指しているという。

▶実現に向けたアプローチ

　前述のように、パーパスは、その組織にとって、まったく新しいものではないため、浸透についても、ゼロから始めるというものではない。ネスレでは、パーパスに定められた価値観自体は、長い歴史のなかでもともとネスレに根付いてきたものである。そのため、イントラネットや研修などを通じて、存在意義に関する解釈などは説明がなされているもの、それらは、新しく概念を植え付けるというよりも、再認識する、再発掘する、再確認するといった取り組みとなると考えられる。

　ネスレにおいて、パーパスの浸透や実践に向けて興味深い枠組みとして、その実現に向けた道筋を示すうえでの3つの影響分野（個人・コミュニティ・地球）が設定されている点がある。この3つの影響分野はグローバル共通で設定されているが、影響分野ごと

の取り組みは、世界各エリアの状況に基づきローカライズされ展開されている。

　また、ネスレのケースは、グローバルレベルでのパーパスの浸透にあたり、そのローカライズの方法も参考になる。パーパスの各エリアでの展開方針は、基本的に、各国に任されている。そして、各国にローカライズされて独自に実践されたパーパスに関わる数々の"ナラティブ"は、今度は、グローバルレベルで共有化される。つまり、実践はローカライズされ、共有は、グローバルレベルで行われている。

▶ネスレにおけるパーパスとCSV

　ネスレは、CSVの世界的なモデル企業であり、長年、世界において栄養・健康・ウェルネス戦略ならびにサステナビリティ戦略をリードしてきた。ネスレにおけるパーパスとCSVの関係は、どのように整理されるのだろうか。

　パーパスを実践するためのアプローチとして、パーパスや戦略、価値観などの各概念はたとえば、次のように整理することができるという。

Why（存在意義）：食の持つ力で、現在そしてこれからの世代のすべての人々の生活の質を高めていきます
What（戦略）：栄養・健康・ウェルネス、サステナビリティ
How（どのように実現するか）：敬意に根差した価値観、CSV

　これを踏まえると、パーパスを実現するためのWhat（戦略）として栄養・健康・ウェルネスとサステナビリティが位置づけられ、そしてHow（どのように実現するか）というアプローチにCSVが

位置づく。

　ネスレでは、サステナビリティはビジネス戦略と一体的に展開されている。たとえば、製品は美味しさや栄養だけではなく、環境への影響に関しても当然考慮される。存在意義という傘のもとで、栄養・健康・ウェルネス戦略とサステナビリティ戦略が掲げられ、CSVというアプローチで実行される。

　パーパスを原点として、これまでも重視されてきた栄養・健康・ウェルネスやサステナビリティ、CSVという概念が一貫性を持って整理され位置づけられたという点も興味深い。

▶パーパスを掲げることの意義

　パーパスを掲げることによって、一般に社内、社外の双方にさまざまな意義が見出せるが、ネスレではどうだろうか。

　ネスレ日本では、たとえば、社内であれば、従業員のエンゲージメントや人材採用に活かすことができ、社外のコミュニケーションにおいても「なぜこれを行うのか」という説明にパーパスが用いられている。NPOや行政などとパートナーシップを組む際にも、パーパスが共通の目指す点を共有する手段（＝共通言語）として活かされることがあるという。そして、バリューチェーンに関わる人々（ビジネスパートナーや消費者など）との関係構築にも活かされる。

　社内では、自部門の業務や取り組みの羅針盤としてパーパスを確認する。パーパスに関心を持った取引先から、問い合わせをもらうこともある。従業員から共感を得て、動機付けるためには、「なぜ（≒存在意義）」が理解される必要があり、従業員の求心力の向上にも活かすことができる。

　ネスレでは、パーパスが定義されたことにより、たとえば以下

のような場面で意義が見出せる。

社内
・従業員のエンゲージメント
・従業員の求心力向上・従業員同士の対話・コミュニケーション
・人材採用

社外
・社外ステークホルダーへの会社の方向性や戦略の説明
・NPOや行政とのパートナーシップ
・バリューチェーンに関わる人々とのパートナーシップ　など

▶パーパス実践につながるイノベーションアワード

　ネスレ日本において興味深い取り組みがある。それは、2011年から始まった「イノベーションアワード」という表彰制度である。イノベーションアワードは、もともと、既存の価値観や発想を超え、従来の組織や仕事のやり方にとらわれないチャレンジを行い、ビジネスの成功に結びつけた個人の業績を表彰する制度である。少子高齢化が進む成熟先進国の日本でビジネス成長するためには、日々変化する問題を発見し、社員一人ひとりがイノベーションを通じてその問題を解決することで、顧客に価値を提供しなければならないと考えられた。社員全員が、自分の顧客は誰か、顧客が抱える問題は何かについて考え、問題を解決するためのアイデア、そしてそれを実行し検証した結果を応募する。
　今後の10年、20年の間にイノベーションを起こせるような事業をひとつでも多く生み出せないかという意図から始まった取り組

みである。この取り組みが、結果的に、パーパス実践につながっている。

　イノベーションアワードは、「顧客の問題」を考えることがプロセスのなかで重要なポイントである。顧客の問題を突き詰めると社会の問題までたどり着く。モチベーションの高い一部の限られた従業員が参加するものではなく、従業員全員が参加することもひとつの特徴である。

　従業員は、顧客の真の問題を発見し、解決策を小さな規模で実行し、検証した結果を応募する。これまで受賞した案件では、戦略として会社の取り組みになったり、契約社員が受賞して社員に登用されたりしたという。社員の誰にでもチャンスがあるボトムアップでの取り組みである。これは、日本発の取り組みだが、ネスレの他の国の拠点でも展開されている。

　このように、ネスレにとってパーパスとは、創業以来、それぞれの時代に応じて、解釈を加えつつも、変わることなく存続し続けるものである。そして、ネスレが展開する多様な事業に共通する羅針盤となっている。

　ネスレは、食品・飲料やペットフード、栄養補助食品などの多様な事業を展開している。多様な事業を展開するなかで、事業のベクトルにさまざまな要素があっても、ネスレグループの原点を示し、かつ共通する羅針盤となり得るパーパスが存在することにより、ネスレグループが社会に対して、共通した存在意義を発揮できるように機能しているのである。

［ インタビュー先 ］
ネスレ日本株式会社
執行役員 コーポレートアフェアーズ統括部長
嘉納 未來氏

第5章

5

実践ケース②

業務マネジメントや インターナル コミュニケーションに 活かす

〈ケースでわかる〉
実践
パーパス経営
PURPOSE
Management Handbook

続いて、本章では、実践ケース分類「②パーパスを業務マネジメントやインターナルコミュニケーションに活かす」を紹介する。

パーパスが従業員の日常業務のマネジメントにおいて判断軸を担い、従業員のエンゲージメントなどのインターナルコミュニケーションとして機能しているか

　パーパスが組織内に息づき、さまざまな経営メリットを享受するためには、従業員自らが心からパーパスに共感・共鳴していることが大切になる。本章では、従業員に着目し、日常の業務マネジメントや主にインターナルなコミュニケーションの場面などでパーパスが活かされているケースを紹介したい。

　パーパスが、従業員の日常の業務マネジメントにおいて、判断軸として機能するためにはどのような工夫が必要なのだろうか。当然、パーパスが掲げられているのみならず、日常の業務マネジメントにまで何らかの形で組み込まれることが必要となる。

　業務マネジメントへ落とし込まれている例として、たとえば、人材マネジメントの考え方に組み込まれる、あるいは、日々の従業員同士のコミュニケーションのなかでパーパスが反映されることなどが考えられる。従業員のなかにパーパスが息づくと、従業員のエンゲージメント向上などの効果も生まれやすくなる。

　本章では、従業員の観点に着目し、パーパスを業務マネジメントまで落とし込んでいる企業として、イケア・ジャパン、HILLTOP、西村証券の3社を紹介する。

　なお、前述の通り、これらの実践ケースの分類は、実際には単独の分類のみにとどまらず、ほとんどのケースで複数の場面にまたがって活かされている。そのため、実践ケースの紹介では、主にどの場面の活用を主軸としているかという観点から分類している。本章で取り上げるケースも従業員のみを対象としているわけではなく、特にインターナルな観点で特徴が見られるという位置づけとなる。

多様なステークホルダーとビジョンを共有し、社会にポジティブな変化をもたらす

基礎情報：イケアは1943年に当時17歳だったイングヴァル・カンプラード氏によって、スウェーデンの田舎にある小さな村エルムフルトで創業し、「より快適な毎日を、より多くの方々に」というビジョン（存在理由）のもと、手ごろな価格で便利で、そしてピープル・アンド・プラネット・ポジティブ（同社のサステナビリティ戦略に示されているキーワードであり、ビジネスで世界にポジティブな影響を与えたいという考え方）であることを目指している。

2021年度時点におけるIngkaグループ（イケアのフランチャイズグループの中で最大の小売業者。イケア・ジャパンの親会社）のコワーカー（従業員）は、17万4000人で、世界32か国で465の販売拠点を持つ。サステナビリティ戦略として、「ピープル・アンド・プラネット・ポジティブ」を掲げる。

イケア・ジャパンはイケアのフランチャイズグループの中で最大の小売業者であるIngkaグループに属する。イケア店舗9店舗、IKEA for Business 1店舗、そして2020年〜2021年にオープンした3つの都心型店舗を含めた13店舗を展開している。

▶イケアのパーパスとは

　イケアは、創業以来、次のようなビジョンを掲げている。このビジョンは、イケアにおける創業時からの存在理由を示すものである。

イケアのビジョン
「より快適な毎日を、より多くの方々に」

The IKEA vision
"To create a better everyday life for the many people."

イケアのビジョンは、創業時から現在まで変わっていない。そして、今後も変わらない経営指針である。このビジョンが、イケアの社会における存在理由を表し、いわゆるパーパスに該当するものであると考えられる。

　イケアにとって、このビジョンは、顧客に向けたものであると同時に、イケアのコワーカーやサプライヤーとして働く人々にも向けられたものでもある。Ingkaグループのコワーカーは、世界で17万4000人、サプライヤーは50か国以上で1600にも及ぶ（いずれも2021年度時点）。また、世界で消費される木材の1％はイケアの家具に使用されるなど、イケアの行動が社会に与えるインパクトは大きい。

　自社のビジネスが社会に与える影響に鑑み、自社のみならず、イケアを取り巻くステークホルダーを含めて、イケアのビジョンやビジョンに関連する活動を共有化することを大切に考える。多様なステークホルダーとイケアのビジョンを共有化することが、社会に対してポジティブな変化をもたらすために大切であると考えている。

　イケアの「ビジネスで世界にポジティブな影響を与えたい」という考えは、2030年を見据えたサステナビリティ戦略である「ピープル・アンド・プラネット・ポジティブ」の考え方にも反映されている。イケアが掲げるビジョン（＝パーパス）の特徴は、コワーカーを起点とし、その共有先として、多様なステークホルダーを想定していること、また、ビジョンの共有を通じてイケアが社会により良い影響を与え得るという考え方に基づいている点である。

▶ビジョンとビジネス理念・バリュー

　イケアの経営理念体系を確認すると、イケアには、パーパスに

該当すると考えられる「ビジョン」のほかにも「ビジネス理念」や「バリュー」が掲げられている。このうち、ビジネス理念は、イケアが「達成すべき目標」を示すものである。

イケアのビジネス理念
「優れたデザインと機能性を兼ね備えたホームファニッシング製品を幅広く取りそろえ、より多くの方々にご購入いただけるようできる限り手ごろな価格でご提供すること」

The IKEA business idea
"to offer a wide range of well-designed, functional home furnishing products at prices so low that as many people as possible will be able to afford them."

Ingvar Kamprad, IKEA Founder

また、イケアバリューは、毎日の業務における「道しるべ」とされている。

───────

「イケアバリュー(価値観)とは、私たちが大事にしているものです。とても大切なもので、イケアの『永遠に守るべきもの』のひとつとされています。私たちが力を入れている環境と社会への取り組みから、大小の意思決定まで、毎日の業務においてイケアの方向性の道しるべとなるのが、このイケアバリューです」(同社ウェブサイトより抜粋)

───────

```
イケアバリュー　　The 8 IKEA Key Values


            連帯感　Togetherness
 環境と社会への配慮　Caring for people and planet
      コスト意識　Cost-consciousness
         簡潔さ　Simplicity
    刷新して改善する　Renew and improve
  意味のある違うやり方　Different with a meaning
 責任を与える、引き受ける　Give and take responsibility
  手本となる行動でリードする　Lead by example
```

　このように、イケアには、パーパスに該当するビジョンのほか
に、ビジョンに関連する形で掲げられているビジネス理念やバリ
ューが示されることにより、ビジョン（＝パーパス）が実際のビジ
ネスや日常の業務へと落とし込まれている。

▶サステナビリティ戦略 「ピープル・アンド・プラネット・ポジティブ」

　さらに、ビジョン（＝パーパス）とサステナビリティ戦略との関
係性についても触れておきたい。イケアのサステナビリティ戦略
では、トリプルボトムラインである「社会」「環境」「経済」の3つの
輪が重なり合えば合うほど、イケアのビジョン「より快適な毎日
を、より多くの方々に」（＝パーパス）が実現され得るという考え
方が示されている。
　この3つの輪を重なり合わせていくことがイケアにとってのサ
ステナブルであるとされ、パーパスとサステナビリティ戦略が明

図表5−1　イケアにとってサステナブルとは何か

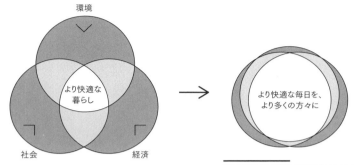

環境

より快適な
暮らし

社会　　　　　経済

より快適な毎日を、
より多くの方々に

環境、経済、社会的な影響のバランスが
よくなればなるほど、より多くの人々
が、地球の限られた資源の範囲内でより
快適な毎日を送れるようになります。

出所）イケア・ジャパン ウェブサイト

確に紐づく形で提示されている。

　イケアのサステナビリティ戦略「ピープル・アンド・プラネット・ポジティブ」では、「イケアにとって、サステナビリティとは何か」について以下のように述べられている。

────────────

「イケアは、人、社会、地球にポジティブな影響をもたらしたいと考えています。私たちにとってそれは、環境の保護・再生により、経済成長とポジティブな社会的影響とのバランスを取ることを意味します。イケアは常に、長期的な視点に立って考えます。そうすることで、将来の世代を犠牲にすることなく、今を生きる人々のニーズに応えられるからです。これを実現するためには、ライフスタイルや消費を見直して変化を促し、新しい働き方を取り入れる必要があります。私たちは、コワーカー、お客様、パートナーと協力してこの道筋を示し、イケアのビジネスの規模を利用し

てポジティブな変化をもたらすことに力を尽くしています。これは企業としての責任であり、ビジネスチャンスでもあります。より多くの人に声が届くことで、より大きな影響を与えることができ、より多くの人々により快適な暮らしを届けることができます」（同社ウェブサイト　イケアのサステナビリティ戦略「ピープル・アンド・プラネット・ポジティブ」より抜粋）

　パーパスへもつながるサステナビリティ戦略を実現するため、ピープル・アンド・プラネット・ポジティブでは2030年までのサステナビリティ戦略として、SDGsの17の目標に関わるアクションプランとゴールが各国で定められている。

図表5−2　ピープル・アンド・プラネット・ポジティブ

目標とコミットメントの概要

出所）イケア・ジャパン ウェブサイト

この戦略の背景には、社会的課題である気候変動への対処や格差の是正などがある。そして「ビジネス」を通じて、このサステナビリティ戦略を遂行していくことを重視している。そのため、このサステナビリティ戦略は、事業プランにも統合的に組み込まれている。

　加えて、実現に向けては、サプライチェーン全体での取り組みが必要となることから、サプライチェーン全体でもこの戦略自体が共有化され、サプライヤーと共にその実現を図ろうとしている。ビジョン（＝パーパス）と一貫性のあるサステナビリティ戦略が事業を通じて多様なステークホルダーと共に遂行されている点が大変興味深い。

▶企業の成長とサステナビリティのバランス

　このようにイケアでは、パーパスがサステナビリティ戦略へと一貫性を持って落とし込まれている。企業の経済成長と、社会的責任を果たすことのバランスのとり方の難しさは、どの企業でも生じ得るが、イケアではサステナビリティ戦略の実現に向けて、両者のバランスをどのように取っているのだろうか。

　イケアは、サステナビリティの考え方をビジネスに統合させるという考え方ではなく、サステナビリティが"ビジネスにとって良いから"取り組むという考え方を取る。

　たとえば、再生可能エネルギーへの切り替えにおいても、イケアのバリューチェーン全体で化石燃料を段階的に廃止し、2030年までに再生可能エネルギー使用率100％（電気、冷暖房、燃料）を目指しているという。また、2030年までにクライメートポジティブになるという目標のもとで2020年には、新商品のプラントボールという植物由来で環境負荷を削減したミートボールを発売した

が、これは、ただ地球に良いだけではなく、利益率もよく、サステナビリティとビジネスを両立し得る商品である。

このように、イケアはサステナビリティを重視してきたが、これは創業者のルーツにも関わっている。イケアの社名は、創業者のIngvar KampradのIKと、Elmtaryd、Agunnarydという創業者が育った農場の名称と出身地の村名のEAからとっている。Agunnarydという村は、当時、スウェーデンの中でも非常に貧しい地域であったため、少ないものから生み出そう、協力して手と手を取り合わないと暮らしていけない、という創業者の思想が、現在のイケアのサステナビリティの考え方やサプライヤーとの関係にも反映されているという。

▶人材採用や人事評価における考え方

では、イケアでは、ビジョン（＝パーパス）が、実際にどのように従業員の日常のビジネスや業務に落とし込まれ、実践されているのだろうか。イケアのビジョンは、人材採用や人事評価の場面でも活かされているという。

たとえば、人材採用における考え方を見てみよう。イケア・ジャパンでは、日本に進出した2002年当初から"Value Based Recruitment"（バリューに基づく採用）が実践され、学歴や職歴よりも、「応募者の人柄や考え方がイケアとフィットしているか」を見極める採用方法を取ってきたという。この方針は、現在も変わらず、そして、グローバルレベルでも同じ考え方を取っている。

また、人事評価においては、どうだろうか。ビジョンは飾られているだけでは浸透しないという考えから、管理職やリーダーには"Lead by Example"（模範を示す）として、常にバリューに沿った行動を求めているという。そのため、人事評価においても、ビ

ジネスパフォーマンスと同程度の割合で、「バリューに沿った行動をしているか」や「バリューに沿って人材を育成したか」が重視されている。

このように、イケアでは、コワーカーの採用や人事評価の考え方にまでビジョン（実際にはビジョンと一貫したバリューなど）を組み入れており、その結果、ビジョンを起点とするビジネス理念やバリューがコワーカー全体に深く浸透している。

キャリア形成についても同様である。イケアでは、キャリアは自らが選びデザインするものであるという考え方が存在する。ジャングルジム型と言われ、どのポジションでも自分の目指したいところに向かうためのキャリアパスを上司やマネジメントと合意し、その実現を会社が支える体制が整っている。

また、企業文化においても、コワーカーがお互いに率直に意見を言い合えるように、フラットな関係性を重視している。イケア・ジャパンでは、バリューやカルチャーは日々のコワーカー同士の会話の中に取り入れる努力をしないと浸透しないと考え、マネジャーやリーダーがその大きな責任を担っていると捉えている。

フィーカというスウェーデンのコーヒーブレイクのカルチャーがあり、オフィスであれば10時、15時にキッチンに集まって15分ほど雑談をする。フィーカは、しっかりオフにすることで残りの時間をより集中し効率よく業務を進めていくという考え方でもある。また、バケーション（休暇）を取ることを大切に考える文化もある。

このほか、コワーカーへの意識調査を毎年実施し、なかでも、「"Societal Impact"（社会的インパクト）にコワーカー自身やイケアがどの程度貢献しているのか」という認知度を調査している。イケアでは、このSocietal Impactが、コワーカーの働き甲斐にもつながる重要な指標として捉えられているという。

このように、イケアでは、ビジョンを単に掲げているだけではなく、実際に、コワーカーの人材採用、人事評価、キャリア形成、企業文化などにまでしっかりと一貫性を持って反映されることにより、ビジョン（＝パーパス）がコワーカーの日常の業務マネジメントまで着実に落とし込まれているのである。

▶コワーカーへのビジョンの浸透に向けたプログラム

企業では、創業時の思いや精神が存在していても、時の経過によって忘れ去られたり、短期的な業績向上に注力したりしがちなケースがよく見られる。しかし、イケアでは、創業時に掲げたビジョンが長い歴史を通じて脈々と受け継がれてきている。この成功要因はどこにあるのだろうか。

前述のようにイケアのビジョンは、日々の業務マネジメントの仕組に落とされているが、これに加えて、コワーカーへのさまざまなビジョン浸透プログラムが展開されている。

イケアには、創業者が執筆した「ある家具商人の言葉」というコワーカー向けの書籍があり、これは、すべてのコワーカーに配布されるバイブルとなっている。この書籍は、創業者の考え方やイケアのビジョンやバリューを浸透させるのに重要な役割を果たすものである。

このほかにも、コワーカーを対象としたビジョン浸透に関するトレーニングが日常的に行われている。リーダー向けに特化したプログラムや、純粋にバリューやカルチャーを理解するためのものなど、多様なトレーニングプログラムが用意され、展開される。各種のトレーニングには、年間テーマが定められ、2020年には、バリュー＆カルチャーで、8つのバリューを網羅したビデオやクイズが毎月提供され、積極的に学び直す取り組みが年間を通して

行われた。2021年のテーマはサステナビリティといった具合である。

　また、良い企業風土を守り続けるためには、マネジャーの組織への関わり方が与える影響は大きいと考え、マネジャー教育として、「マイコンシャスリーダーシップ」というトレーニングプログラムが行われている。これは、「なぜ、リーダーになりたいのか」を自問することや、「人々は多様な考え方を持ち、マネジャーという立場では、ダイバーシティの視点がどれほど大切なのか」などを理解する機会となる。

　マイコンシャスリーダーシップでは、3日間のプログラムを計3回実施し、合計9日間という長い時間をかけて、自分の生い立ちから「なぜ自分がこのような考え方に至ったのか」、「効果的なマネジメントするための技術」などを深く学ぶ。トレーニングはグローバルで一貫しており、各地域に存在するトレーナーが日本を訪れて指導する。日本からもトレーナー数名が他国に行って指導している。

　店舗のコワーカー向けの浸透活動はどうだろうか。イケアでは、本社（サービスオフィス）や店舗にかかわらず、同じような時間やリソースを投資して、バリューやカルチャーのトレーニングを実施する。どちらかというと店舗が主役と捉えられている。サービスオフィスで働くコワーカーでも、現場を知ることを重視していることから、入社後に数週間、店舗でのトレーニングを実施している。その後も、年間5日間は店舗に出てお客の声やコワーカーの声を直接聞き、業務に役立てる仕組みを世界中で有しているという。

　このように、コワーカーを対象としたさまざまなトレーニングの制度や仕掛けが実施されている。こうしたていねいなコワーカーへの働きかけを継続していることが、イケアにおいて、長い歴

史のなかで創業以来変わらないビジョン（＝パーパス）が決して
揺らぐことなく、組織に息づいている理由でもあるのだ。

▶ビジョンは、イケアだけのものではない
　　──共感・共鳴の先

　イケアのビジョンが創業時から受け継がれ、コワーカーへのさ
まざまな働きかけによって組織に息づいている点は興味深いが、
このビジョンがパーパスであると捉えられる背景に、その共感・
共鳴先がイケア社内のコワーカーのみならず、顧客やサプライヤ
ーを含むステークホルダー全体を想定していることがある。イケ
アのビジョンは、社外のステークホルダーとの関わりのなかで具
体的にどのように作用しているのだろうか。

　たとえば、サプライヤーという観点ではどうだろうか。イケア
では、イケアとサプライヤーとは対等な関係でありたいという前
提のもとで、イケアの考えをサプライヤーにも支持してもらうこ
とが大切だと考える。たとえば、アイウェイ（IKEA Way）という
仕組みで、定期的に、サプライヤーが児童労働に関与していない
か、オーバーワークしていないかなどを、世界共通のリストでチ
ェックする取り組みなどを展開している。この際にも、サプライ
ヤーに対して、常にていねいに説明やコミュニケーションを実施
するが、これもサプライヤーを大切に考えるイケアの姿勢の表れ
である。

　サプライヤーを巻き込んだ取り組みには難しさも存在する。た
とえば、取引の過程で、時にさまざまなミスが発生することがあ
る。イケアでは、もしサプライヤー側で何らかのミスが発生した
場合でも、すぐに取引停止をするのではなく、イケアの支援によ
ってサプライヤーにどのような改善が見込まれるのかという観点

で、相互でアクションプランを策定し、正しい方向へと導いていく姿勢を取る。イケアのケースは、コワーカーのみならず、サプライヤーともビジョンやバリューを共有化し、それが事業推進の上でもうまく機能している好例である。

　サプライヤーのほかにも、イケアは、コミュニティや政府、NGO、メディアなどの多様なステークホルダーのことを同様に大切に考える。イケアを取り巻くステークホルダーと課題認識が共有化されていると、「何かをしたい」というときにもスピーディに協力し合うことができるという。

▶パーパスがビジネスでの競争に与え得る影響

　顧客という観点ではどうだろうか。パーパスはビジネスでの競争に何らかの影響を与え得るのだろうか。イケアは、自社でデザインと商品開発を実施する。そして、スウェーデン発のデザインにより他社との差別化を図ってきた。

　このデザインであるが、イケアにおけるデザインとは、単にデザイン性に優れているのみではない。①FORM（優れたデザイン）、②FUNCTION（機能性）、③QUALITY（品質）、④SUSTAINABILITY（持続可能性）、⑤LOW PRICE（手ごろな価格）というデザインにおける5つの約束（デモクラティックデザイン）が存在する。低価格でサステナブルを実現することは難しいが、大量生産できるというキャパシティを活かして、できるだけ低価格にしたり、サステナブルな素材を取り入れたりしている。

　また、顧客には、店舗において、サステナブルな商品がどれで、どのようにサステナブルなのかが分かりやすく伝わるコミュニケーションを行っている。

　顧客に対するパーパスの共有においては、イケアのビジョン

（＝パーパス）を顧客に対して分かりやすく伝えるために“この家が好き”“Happy to be home”という表現を用いたコミュニケーションを展開する。ビジョンを通して家をより豊かにしていき、顧客が「この家が好き」と思うことで顧客の暮らし、人生、そして社会も良くなっていくというストーリーである。このように、イケアでは、マーケティングやコーポレートブランディング、商品のブランディングにビジョンやバリューが戦略的に組み込まれている。

　最後に、コワーカーや多様なステークホルダーを対象として想定したパーパス経営を進めるイケアであるが、経営判断において、ビジョン（＝パーパス）がどのように活かされているのだろうか。イケアにとって、パーパスとはどのようなものなのだろうか。そして、重視するステークホルダーの優先順位についてはどうだろうか。

———————————

「経営判断において、ビジョン（＝パーパス）は、『北極星』のような位置づけで重要なもの。加えて重要なのが8つのバリュー。これらは、経営の意思決定時に常に立ち戻るべきものであると考えている。どのステークホルダーが最も重要であるかは決まっていないが、コワーカーに対するものが一番強いと感じる。コワーカーは従業員であり、お客様であり、そして人生を歩む仲間として大切にしていきたい」（岩﨑氏）

———————————

　このように、イケアでは、ビジョン（＝パーパス）を単に掲げているだけではない。コワーカーがイケアのビジョン・バリューの

共感者であり実践者である。ビジョンがステークホルダーへコワーカーを通じて伝播して機能している点が特徴的である。また、ビジョン（＝パーパス）のみならず、ビジネス理念やバリュー、サステナビリティ戦略とビジョンが一貫性を持ちつつ事業でビジョンが実現される仕組みや仕掛けが整い、かつコワーカーへの多様なトレーニングプログラムや人材採用・人事制度への反映などの社内コミュニケーションの仕掛け・仕組みが数多く存在する。

　イケアのケースは、多様なステークホルダーと共にビジョンを実現することを大切に考え、そして実際に、パーパスが事業と一体的に、そして組織に息づく形でさまざまな経営メリットを生み出している好例である。

［ インタビュー先 ］
イケア・ジャパン株式会社
Country Communications Manager
岩崎 有里子氏

「人」を何よりも大切に考え、モノづくりの概念を変える

基礎情報：HILLTOPは、1961年に「山本鉄工所」として従業員3名で創業、設立は1981年。京都に本社を置き、機械加工事業、表面処理事業、装置開発事業を展開する。「人が学ぶことがあるかどうか」を経営における最優先の判断基準とし、24時間無人稼働の工場を軸に、「量産」ではなく「試作」に注力する。「モノづくりの概念を変えたい」という思いを持ち、コーポレートカラーでもあるピンク色には脱・製造業のメッセージが込められている。「人」を大切にすることを何よりも重視する。従業員数は、132名（日本のみ）。

▶HILLTOPのパーパスとは

HILLTOPは、経営理念として

> ### 「理解と寛容を以て人を育てる」

を掲げる。「人」を何よりも大切に考え、一般的な企業のように、利益を求めて経営を行うのではなく、「人を育てる」ことを最大の使命とする。

　こうした経営理念を掲げる背景は、同社の創業経緯にまでさかのぼる。創業者の長男（現社長）が幼少期に耳が聞こえなくなり、父親である創業者が長男の就職が難しいのではないかと憂慮したことがきっかけとなっている。以来、「人」を大切に考え、「人を育てる」ことに注力する。経営の最優先の判断軸であるこの経営理念こそが、HILLTOPにおけるパーパスであると考えられる。

図表5－3　HILLTOPのPhilosophy（経営理念）

Philosophy
経営理念

理解と寛容を以て人を育てる

弊社は昭和36年(1961年)、「山本鉄工所」としてわずか従業員3名で創業いたしました。

常に変化・進化し続けてきたHILLTOPですが、変わらず大切にしてきたことは「人」。
職場は、仕事を通じて人が成長できるフィールドであるべき場所です。

一人ひとり、性別も、年齢も、国籍も、考え方も、得意・不得意も、能力も違う。
だからこそ、人と関わる時間を大切にし、「理解」と「寛容」を以ち
絆を深め、そして感謝できる人に成長していく。

「人を育てる」ことが会社としての最大の使命です。

出所）HILLTOP　ウェブサイト

　では、HILLTOPでは、なぜ、人を育てることを重視しているのか。

――――――――――

「人は、単純作業を繰り返すと頭を使わなくなる。HILLTOPでは、それは人がなすべき知的な仕事なのか、ロボットがするべき単純作業なのかを考え抜いた結果、当時『量産』に充てていた9割の資金を『試作』に充てることになった」（山本氏）

――――――――――

　HILLTOPの経営では、「人が学ぶことがあるかどうか」が最優

先とされる。同社が中心に手掛ける「試作」は、従業員にとって学びの幅が大きい。一方、「量産」段階で同じものを繰り返し発注されると、HILLTOPの人材が学ぶ幅は小さくなる。そこで量産のために、できるだけ設計プロセスをデータ化し、自動化できるようにする、という流れが作られたという。結果、24時間無人稼働の工場につながった。

_____

「自分がやりたくないことは、他人もやりたくないはず。夜勤をしたくないし、昼に働いて夜は家族と食卓を囲みたい。こうした気持ちとビジネスを両立するために、できる限り、夜間は自動化を図り、作業を進めることにつながった。こうした思いから、現場主体のビジネスから、情報集約型のオフィス中心のビジネスに変革してきた。技術が発展し、人の働く価値も変化する中で『人が働く価値があるか』、『本当に人の学びはあるか』で判断をし続けた結果が、現在のHILLTOPにつながっている」(山本氏)

_____

　HILLTOPは、「モノづくりの概念を変えたい」と考えている。たとえば、コーポレートカラーでもあるピンク色には、脱・製造業のメッセージが込められている。ピンクは集中力を途切れさせるとして製造業の現場では、あまり使われない色である。しかし、HILLTOPは、無人で工場が動いているためピンク色を使うことができる。
　一般に、製造業では、緑や黒などの寒色が使われ、暗いイメージがあるが、製造業を現代の若者が携わりたいと思える業界にしたいと考えている。"HILLTOP"という言葉は、もともと「トップに立ちたい」「ベンチマークとして使われる中小企業(小さい丘)」

図表5－4　コーポレートカラーのピンクに彩られる工場

出所）HILLTOP　ウェブサイト

を意味するコンセプトネームであった。海外進出をする際に、グローバルに統一した企業名にする意図で旧社名の山本精工からHILLTOPとした。

▶パーパスの日常マネジメントへの活用

　同社が掲げる経営理念（＝パーパス）である「理解と寛容を以て人を育てる」は、製造業としてのビジネス（利益創出）の観点に矛盾することはないのだろうか。

　HILLTOPでは、バブル期当時は、量産すればするほど利益が出る時代だったという。それゆえ、同社において量産をやめるタイミングには大きな反対があった。ビジネスの省人化・最適化（システム化）は必要だが、これは、人のモチベーションとは相反するものだと捉えている。なぜなら、最適化されると、人が考えることがなくなる。結果、仕事は、ルーチン化して面白くなくなるからだという。

　そう考えると、人が育ち続けるためには、常に、新しい事業を起こしていかなければならない。その意味で、仕事の価値を求め

るために、常に新しいことを手掛けていく必要がある。HILLTOP
では、このバランスを常に取り続けることが大切であると考えて
いる。

▶人材採用や事業展開における考え方

　人材採用においても「人を大切にする」考え方が取り入れられ
ている。同社では、多い時で3000〜4000人のエントリーがある
という。選考過程では、個人の「考え方」をしっかりと把握するよ
うにしている。これは、「人を大切にする」という観点から、採用
時におけるミスマッチをできる限り防ぐためである。また、通常
では、面接会場も自社で開催し、工場見学などもして、隠さずす
べて見せることで「この会社でやっていけるか」を考えてもらう
ようにしているという。

　従業員の平均年齢は、35歳程度で、20代後半の従業員が多く、
ワンフロア・オープンな環境で、私服出勤であることなどもあり、
明るくフランクな風土が形成されている。

　現在は、本業としてアルミの試作加工を手掛けるが、5年前よ
りベンチャー企業との協業なども進めている。HILLTOPは、本来、
受託加工の中から、職人技術をデータ化し共有して使うことに強
みを持ち、モノづくりのソフトウェア化を進めている。近年は、多
様な観点からの事業拡大の取り組みの中で、経営幹部も含め、社
員の中で「うちは何の会社なのか」ということを考えたり、全社と
して「ここに向かっている」という将来に向けたビジョンを描い
ている。

「向いているベクトルを一人でも多く合わせることで、企業の原

動力はまったく異なるものになると思っている。企業は箱にすぎず、結局は人の共感を得ないと企業の成長は鈍化していく」（山本氏）

———————————

　まさに、パーパスの共感・共鳴をモチベーション、リクルーティングのみならず、事業のあり方自体を判断する、協業の在り方にまで反映している。そのようなぶれない軸をさまざまな経営事業の場面で活用しているケースである。

▶外部連携にパーパスを活かす

　パーパスを持つことによって外部連携がうまくいくケースがあるが、実際にHILLTOPにおいても同様である。たとえば、他企業と合弁会社を設立する動きのなかでも、HILLTOPの「人を大切にする」という考え方に共感してもらうことで、共同でチームを組もうという話になっていくことも多いという。新しく入社する人材は、世間一般でいう製造業を好むような人はあまり来ないというユニークな一面もある。

　同社が採用する人材は、製造業ながら、9割ほどが文系であり、専門領域がフィットするような機械工学出身の人材は新卒では数名に限られている。文系出身でもモノづくりができる仕掛けを作れるのも、人を大切にするパーパスを基軸におくHILLTOPの経営だからこそのユニークな側面である。

　このように「人」を基軸においた経営を進めるHILLTOPであるが、数年前に企画開発推進部を立ち上げ、職人技術のAI化の試みを始めている。

―――――――――

「この先、人が生み出せる価値とは何かを追求して考えると、それは『事業をつくる』(事業を作ることは人にしかできない)ことだ。企画開発推進部にはマーケティングやデザインやエンジニアなどさまざまな人材がおり、自由に事業を考えてもらっている。1年後にはまったく今と違うビジネスをしている可能性もある。アメリカオフィスでは、物販や貿易などまったく異なる事業の開発も始まっている」(山本氏)

―――――――――

　このように、HILLTOPは、製造業ながら、「人を大切にする」というパーパスを基軸においた結果、製造業らしからぬ、事業展開を図ろうとしている。HILLTOPのケースは、パーパスが、時に、事業のあり方や事業の方向性そのものへも大きく影響を与え得るということを示している。

［ インタビュー先 ］
HILLTOP株式会社
常務取締役
山本 勇輝氏

地域のお客様へ寄り添い顧客本位を貫く

基礎情報：西村証券は、京都・滋賀の地域密着型証券会社。昭和30年の創業以来、対面営業を基本として地域に特化することにより、地域と共に成長・発展をしてきた。預かり資産残高約1400億円、役職員数104名（2021年4月1日時点）。

▶西村証券のパーパスとは

　地域に密着し、顧客本位で長年事業を展開してきた西村証券は、証券会社のなかでも特にパーパスを強く意識した経営を進めている企業である。創業当時より社是にも記されている「信用の重要性に徹する」ことによって、「お客さま満足度の向上」と「地域社会へ貢献すること」を最重要の課題としてきた。

西村証券・社是

「信用の重要性に徹し、常に会社の繁栄を祈り、
生活の向上を期するとともに、より良い社会をつくる」

　この経営・事業の基軸として位置づけられる「社是」が、西村証券のパーパスに該当するものであると考えられる。また、使命について以下のような記述もある。

「創業当時より地元京都・滋賀のお客様に寄り添い、お客様ひとり、ひとりのニーズにしっかりお応えすることを使命とし

て」いる

出所）西村証券　ウェブサイト

▶顧客本位の営業を貫く

　実は、西村証券の社是や使命は、証券業や証券業界の在り方自体に問いを投げかけるものである。同社は、創業時以来、顧客本位の営業を徹底してきたが、その背景には経営トップ自らが抱く証券業界そのものに対する問題認識があり、「お客様へきちんとした金融サービスを提供することにより、正しい資本主義を実現していく」ために自社がどのような存在であるべきかを常に追求し続けている。

―――――――

「もともと（他の証券会社で）働き始めた頃から証券会社自体に疑問を抱いていた。当時は業界として、『すべてが自分たちのために』『自社の利益を最優先する』という意識が強かった。本来、『良質な資金を資本市場へ供給する』という使命を担う証券会社は、資本主義経済にはなくてはならない存在であると考えている。しかし、日本では、たとえば、個人資産の大半が金利ゼロのまま置かれ、お金がそのように動いていない。これは、金融機関のお客様に対するサービスが抱える課題が背景にあり、誰かに相談したいが、相談できない状態があるのではないか。必要なお客様に、適切な金融サービスを提供することが業界全体の課題だと思う」（西村氏）

―――――――

それでは、西村証券は、社会において、どのような存在でありたいのだろうか。

────────────

「お客様から気軽に相談してもらえる会社。そうした証券会社は、そう多くない。本当にお金のことを考える必要がある人が気軽に相談できない状況にある。本当に必要とされ、人のためになり、社会から感謝される存在になりたい。社内でもたびたび『何のために我々は存在しているのか』を話し合っている」(西村氏)

────────────

実際に、どうしても目の前の利益に目が行きがちな業界特性があるのかもしれないが、そのような中、西村証券が、パーパスを重視して、本当の意味での顧客本位の営業を貫こうとする理由はどこにあるのだろうか。

たとえば、同社では、「できるか」ではなく、「やる」ということを大切に考えているという。「自分が、それを何のためにやっているのか」を考えることを重視する。

証券業界では、かつては、『証券会社が売りたい商品を買ってもらう』場面が多く見られた。西村証券では、「それを何のためにやっているのか」を常に問う。これを従業員自らが理解したときに発揮される力は大変大きいと考える。そして、顧客本位を貫き続けられるような、さまざまな取り組みを進めることで、こうした仕事の進め方自体の思考転換を図っていった。その結果、従業員自らが積極的に動くようになったという。

従業員の動き方の変化は、事業面でも効果を生み出している。たとえば、「新しく口座を開く顧客数が順調に増えている」、加えて「新規口座開設の半数が口コミにより開設されている」ことな

図表5-5　西村証券の自主的KPIとお客さまからの担当者評価
カード

西村証券の自主的KPI

1．お客さまからの担当者評価カードによるお客さまの満足度
2．お客さまロイヤリティ（CX指標）
3．お客さまの株式投資信託の平均保有期間
4．お客さまからのご紹介による口座開設比率
5．金融関連資格保有者数と資格保有者比率

担当者評価カード　2020年度上半期結果

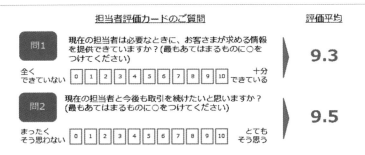

どである。これは西村証券が顧客からの高い信頼を獲得できてい
る証拠でもある。実際に、「顧客から担当者評価カードによるお客
様の満足度」の評価平均（2020年度上半期）は、10点満点中9点以
上と、非常に高い顧客評価を得ている。

▶人事評価や従業員とのコミュニケーション

　このようにパーパスに基づき、真の意味での顧客本位の営業を

貫き続けるためには、日々の業務において、従業員自らが正しい判断をできることが大切となる。西村証券では、従業員に対してどのような仕組み・仕掛けづくりをしているのだろうか。

　たとえば、同社では人事評価への反映を行っている。2020年度から従業員の人事評価をお客様評価と直結させ、業績数値の評価と顧客評価の割合を半々としている。こうした取り組みによって従業員が顧客本位を軸として判断し動きやすくなったという。

　その他にも社内の表彰制度では、業績数値ではなく、お客様からの評価で表彰を行っている。さらに社内へのコミュニケーション時においても社員への各種説明資料の構成内容の順番は、「お客様評価」→「業績数値」の順としている。対話の場としては、「若手塾」と称して4〜5名の若手を対象に1年間かけて（2か月に1回×6回）経営トップ自らの考えを伝える機会を作るなど、従業員との関わりの中では、コミュニケーションの場を多く設けるようにしているという。

　なお、西村証券では、社是や使命に基づき、これまでも顧客本位の営業を貫いてきたが、さらに、現在、新たにパーパスを再認識・発掘する取り組みを進めているという。2019年頃より本格的に役員向けのワークショップを開始し、現在は、各部支店長が毎月集まって「自分たちの会社の大事にしたいこと、実現したいこと、自分の支店のメンバーに持ってもらいたい意識、お客様にどうかかわっていきたいか」などを対話し、互いに振り返る場を持っている。

　この取り組みでは、組織としてのパーパスの言葉を作ること自体を目的にはしていない。役員や部支店長が、自分自身のパーパス（個人のパーパス）を自ら言語化しながら、自らの業務、サービスの価値や意義を振り返ることを大切にして、対話を続けている。

　これまでもパーパスを重視してきた西村証券であるが、パーパ

スの言葉作りを目的とした単年だけの活動ではなく、会社全体で継続的な取り組みを進めることにより、自社の社会における存在意義をより強く再認識することが期待される。

　このように、西村証券は、地域に密着し、顧客に寄り添い、真に顧客が必要とすることを追求する。受け継がれてきた社是や使命を基軸としつつ、さらに自らの社会的存在意義を継続的に意識しながら自らのパーパスを再認識する。こうした一貫した継続的な取り組みが、今後も真の顧客本位を貫き続ける源泉となっていくものと考えられる。

［インタビュー先］
西村証券株式会社
取締役社長
西村 永良氏

第 **6** 章

パーパスを
ファンづくり、顧客接点
（ユーザー、消費者、生活者）に
活かす

〈ケースでわかる〉
実践
パーパス経営
PURPOSE
Management Handbook

本章では、実践ケース分類「③顧客：パーパスをファンづくり、顧客接点（ユーザー、消費者、生活者）に活かす」を紹介する。

パーパスがファンづくりや顧客接点に活かされているか、顧客への商品・サービス提供時に戦略的に活用されているか

　パーパスを掲げる企業では、商品・サービスの開発や、顧客へのアプローチなどの場面で、パーパスをさまざまな形で顧客接点に活かすことができる。本章では、顧客に着目し、パーパスが、商品・サービスの開発段階で考慮されたり、顧客への商品・サービス提供時に戦略的に活用されたりしているケースを紹介したい。

　パーパスが組織内に息づく企業では、たとえば、商品やサービスの開発プロセスにおいて、無理をせずとも自らのパーパスが意識されるはずである。そして、結果、その商品やサービスが、パーパスを実現する上での象徴的な商品やサービスになることもあるだろう。

　従業員にパーパスが息づくことに加えて、顧客に対してもパーパスが伝わる商品が創り出されることは、まさにパーパスが事業展開においても実体を伴い機能している証拠である。顧客が商品やサービスを利用する時点で、パーパスを感じてもらえる商品であれば、顧客がその企業に共感・共鳴することにもつながる。

　本章では、顧客を重要な対象として想定し、パーパスを顧客接点にまで活かしている企業ケースとして、ユニリーバ、花王、スターバックス コーヒー ジャパンを紹介する。

　なお、前述の通り、これらの実践ケースの分類は、実際には単独の分類のみにとどまらず、ほとんどのケースで複数の場面にまたがって活かされている。そのため、実践ケースの紹介では、主にどの場面の活用を主軸としているかという観点から分類している。本章で取り上げるケースも顧客のみを対象としているわけではなく、特に顧客という観点で特徴が見られるという位置づけとなる。

創業当初から受け継がれる基軸

基礎情報：ユニリーバは世界190か国で400を超えるブランドを展開し、毎日25億人が製品を使っている世界最大級の消費財メーカーである。ユニリーバの創業者は、ビジネスを通じて社会の課題を解決するという明確な目的を持って創業し、その伝統は今も受け継がれ、ビジネスの根幹にある。

ユニリーバ・ジャパンは1964年にユニリーバの日本法人として設立された。以来、パーソナルケアとしてラックス、ダヴ、ポンズ、アックス、ホームケアとしてジフ、ドメストなどのブランドを日本の消費者に提供してきた。

▶ユニリーバのパーパスとは

ユニリーバのパーパスは、下記のものである。

> ## To make sustainable living commonplace
> ## サステナビリティを暮らしの"あたりまえ"に

　ユニリーバでは、パーパスを経営のあらゆる面の根幹として位置づけ、このパーパスのもととなる考え方は、創業から現在まで長年にわたり受け継がれてきている。たとえば、直近2020年に発表された企業戦略「ユニリーバ・コンパス」(The Unilever Compass)では、「パーパスを持つブランドは成長する」「パーパスを持つ企業は存続する」「パーパスを持つ人々は成功する」というパーパスを基軸とした3つの信念を掲げている。

　実は、ユニリーバが掲げるパーパスのルーツは、創業時の経緯が大きく影響している。創業者のリーバ卿が約140年前に「衛生を

図表6−1　パーパス：サステナビリティを暮らしの"あたりまえ"に

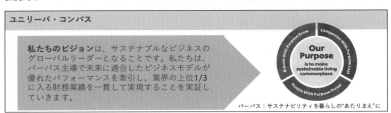

出所）ユニリーバ・ジャパン　ウェブサイト

暮らしのあたりまえに」というパーパスを掲げたところまでさかのぼるという。

　創業当時、イギリスにおいては、不衛生により多くの命が失われていたことが大きな社会課題であった。その解決の一助となるためにユニリーバは、誰でも買える価格で高品質な石鹸の販売を始め、その後、事業活動を大きく成長させた。このように創業の経緯でもある「ビジネスを通じた社会課題解決」という考え方は、創業以来、ユニリーバの経営において常に一貫して受け継がれてきている。

　たとえば、現在でも従業員には、入社時に創業当時の経緯やストーリーをしっかりと共有し、ユニリーバの従業員として仕事を進め、意思決定をする際には、常にパーパスや長年受け継がれてきた価値観に立ち戻るようなトレーニングが行われているという。

▶パーパスのビジョン・戦略への落とし込み

　ユニリーバのパーパス経営は、ビジョンや戦略へも落とし込まれ、事業のあらゆる場面で息づいている点が大変興味深い。たとえば、企業戦略である「ユニリーバ・コンパス」も当然のことながらパーパスを基軸としている。

一般に、パーパスの事業への落とし込みを考える際、実はパーパスは「社会的な存在意義」を示すため、事業展開においてパーパスを基軸におくことが、そのまま事業の成長につながるかは、その企業の力量次第である。こうした状況に対し、ユニリーバでは、「パーパスに基づく経営が、企業の財務業績を牽引することを証明していく」という考え方を示している。

　実際にパーパスと企業の財務業績のつながりを証明することは、容易なことではないが、ユニリーバは、（社会的な存在意義を示す）パーパスを掲げながらも、自社のビジネスの可能性を広げていくことが可能であると考えている。

　具体的には、パーパスに基づくビジョンとして、たとえば、「サステナブルなビジネスのグローバルリーダーとなる」ことや、「パーパス主導で未来に適合したビジネスモデルが優れたパフォーマンスを牽引し、業界の上位3分の1に入る財務業績を一貫して実現することを実証」していくことを掲げている。さらに前述のように「ユニリーバ・コンパス」でもパーパスを基軸とした3つの信念を掲げる。

　なお、ユニリーバが2010年に発表した企業戦略「ユニリーバ・サステナブル・リビング・プラン（USLP）」は、「ユニリーバ・コンパス」の前身となるものであるが、ここですでに成長とサステナビリティを両立させていくことを宣言していた。現在のパーパス「サステナビリティを暮らしの"あたりまえ"に」が掲げられたのも、2010年頃のことである。

　また、ユニリーバでは、「ビジネスインテグリティ」（ステークホルダーとの関係を保つために、誠実にビジネスを行うこと）という考え方も大切にされている。かつてのユニリーバのグローバル・チーフ・オペレーティング・オフィサーであったハリシュ・マンワニ氏は、「4G」を提唱し、3つの成長（3G）、すなわち

「Consistent Growth:継続的な成長」「Competitive Growth:競争力ある成長」「Profitable Growth:利益ある成長」に加えて、将来の資本主義の課題解決のためには、「Responsible Growth:責任ある成長」を含めた「4G」が必要であるとした（TED「The entire model of capitalism」）。

　このようにパーパスは、ユニリーバの事業を含むあらゆる側面に反映されている。ユニリーバが目指していることは、サステナブルなビジネスモデルこそが、優れた財務業績を残し、成長できるビジネスであることを世界に示していくことなのである。ユニリーバのパーパスは、すべての意思決定の根幹に位置づいている。これがユニリーバのパーパス経営である。

▶従業員の腹落ち、自分事化──スモール・アクション

　ユニリーバでは、パーパスを従業員にどのように働きかけ、日々の業務に落とし込んでいるのだろうか。たとえば、ユニリーバには、創業当初より「Small Actions, Big Difference（小さな積み重ねが大きな力に）」という考え方が受け継がれてきている。

　小さな「石鹼」であっても、毎日使うことで人々の健康や命を守ることができる。ブランドや製品を通して、多くの人々と小さなアクションを毎日積み重ねることが、社会課題を解決し、世の中を変える大きな力になるという考え方である。これは、従業員にとっても理解しやすい考え方である。

　このほかにも、入社時のトレーニングの段階でユニリーバのパーパスやサステナビリティへの取り組みを共有するだけではなく、マーケティングや製品開発、サプライチェーン、営業など、ビジネスのあらゆる部門・業務がパーパスにつながっていることを、さまざまな社内コミュニケーションを通じて従業員に伝えている

という。従業員一人ひとりが自社やブランドのパーパスを理解し、日々の仕事にやりがいを持って向き合えるよう工夫しているのだ。

　ユニリーバでは、このように、創業経緯のみならず、あらゆる場面でパーパスを根幹に据えるという一貫性のある取り組みを継続してきた。ゆえに、パーパスが従業員の共感を得て長年にわたり受け継がれてきたのだと考えられる。

▶従業員個人のパーパスを考える

　ユニリーバにはパーパス経営を実現するにあたって、非常にユニークな取り組みがある。それは、従業員一人ひとりが自らのパーパス（＝自分は何のために生きているのか）を見出し、それを仕事の中で実現していくことをサポートするプログラム（Future-Fit Plan：FFP）である。

　ユニリーバでは、従業員一人ひとりが自らの個人のパーパスを考えることを大切にしている。これは日本企業ではあまり見られない取り組みであるかもしれない。FFPでは、従業員個人が自身のパーパスを見出し、明文化する。これは、「人は自身が本当にやりたいことを行うときにこそ最大限能力を発揮できる」という考えのもと、一人ひとりの従業員が望む将来の方向性を知り、日々の仕事やキャリアの中で実現していけるような機会を付与するためであるという。

　また、ユニリーバでは「Be yourself（自分らしくある）」という考え方が大切にされている。多国籍企業のため、ビジネスを展開する上でも、多様な市場のニーズに応えるためには働く人々や組織そのものが多様であることが欠かせないと考えられている。従業員が自ら、自分らしく働き、自分の強みを活かして、多様なチームの中で活躍していくために、まずは従業員自らが「どんな風に

図表6−2　パーパス・ワークショップの概要

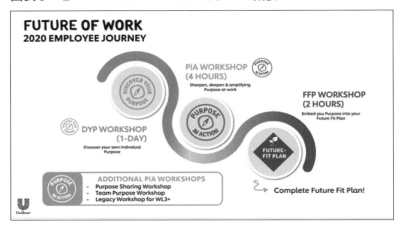

出所）ユニリーバ・ジャパン提供

なりたいのか」「何を成し遂げたいのか」を自覚し、また周囲にも
共有することが大切にされる。

　たとえば、ユニリーバ・ジャパンでは、半年に1回、上司とキャ
リアについて話し合う機会を設けている。その他にも必要があれ
ばいつでもコミュニケーションの機会を持つことができる。また
自身のパーパスを発見し、明文化するサポートを行う「パーパス・
ワークショップ」の開催も行われているという。

　このほか、毎週金曜日の午後を「U-Time」と定め、できるだけ
業務に関わる会議などはせず、自らのキャリア開発やウェルビー
イングのために時間を使うことを推奨している 。これは、役員層
も例外ではない。むしろ役員層が「U-Time」は自分のために使う
時間とすべく、可能な限りビジネスミーティングは入れないこと
を率先して行っている。

　ユニリーバでは、業務とパーパスを分けて考えることはせず、

すべての業務は究極的にはパーパスにつながるという考え方がある。「Doing Well by Doing Good（良いことをしながらビジネスも良くする）」ことで長期的に成長し続けることを目指している。

▶人事制度などへの反映

　人事制度へのパーパスの反映はどのようにされているのだろうか。ユニリーバ・ジャパンには成果主義をベースとした人事評価制度があるが、「何を（WHAT）」達成したかだけではなく、「どのように（HOW）」達成したのか、どのようなリーダーシップの資質が発揮されたかも評価している。リーダーシップが発揮できていないとリーダーにふさわしいと判断されない。リーダーシップを測る指標は7つあり、そのひとつにパーパスに関する項目（消費者やより広い社会を考えながら業務を行っているか）が含まれている。

　ユニリーバでは、もともと経営の根幹にパーパスが位置づけられているが、加えて、従業員に対してもパーパスへの理解を促したり、実践を助けたりする仕掛けやプログラム、そして人事制度へのパーパスの組み入れなどの施策が体系的に組み立てられている。こうした取り組みによって、日々の業務においてもパーパスが息づいているのだと考えられる。

▶企業行動原則とコード・ポリシー

　パーパスに基づいて経営を行うことを支える基盤として、ユニリーバとしての価値観（誠実、尊敬、責任、開拓者精神）を定め、経営陣を含む全従業員に共通に適用される原則とポリシーがある。企業行動原則（Code of Business Principle）は、ユニリーバの事業

運営の方法について簡潔に示した倫理的表明である。また、コード・ポリシーは、ユニリーバがビジネスを行うにあたり従業員すべてが示すべき倫理的な行動を定義したものである。いずれも、全世界共通に適用され、例外は一切認められていない高い水準のもので、透明性を確保するために対外的に公開されている。

　企業行動原則とコード・ポリシーの周知、徹底、遵守の仕組みを確保するために　ビジネスを行うほぼすべての国において、ビジネス・インテグリティ・オフィサーが任命され、各国の経営陣で構成されるビジネス・インテグリティ・コミッティーが組成されている。企業行動原則においては、企業行動原則やコード・ポリシーを遵守したことにより、損害や追加費用やビジネスの遅れが生じたとしても、非難されない、ということを明確に定めている。共通の価値観と遵守することが必須の原則とポリシーが存在することで、従業員が常に正しい行動をとる（"Do the right thing"）ことが、全世界で可能となっている。

　ユニリーバにおいて、パーパスに基づくビジネスを行うために、企業行動原則とコード・ポリシーは「羅針盤」の役割を持つ。さらには、ユニリーバの価値観や倫理的な行動指針を、サプライヤーやカスタマーに理解を求めていくことも同時に行っている。

▶ステークホルダーと共に実現する

　「サステナビリティを暮らしの"あたりまえ"に」というパーパスを実現していくにあたって、ユニリーバにおいて、社外のステークホルダーの関わりはどのように整理されるのだろうか。ユニリーバ・コンパスでは、マルチステークホルダーモデルが採用されている。つまり、消費者や取引先をはじめ、地球環境をもステークホルダーとみなし、そのすべてに配慮しながらビジネスを行

うことが、成長戦略、そして社員の倫理規範である企業行動原則に明記されているのだ。その根底には、パーパスは自分たちだけでは実現することはできず、ステークホルダーからも理解を得て、巻き込んでいく取り組みが重要であるという考えがある。

　たとえば、消費者からの理解が必要な取り組みとしてプラスチックごみの問題への対応があげられる。ユニリーバ・ジャパンでは、プラスチックの使用量削減に向けて、シャンプーやボディソープの容器を店舗へ持って行くと必要な分だけ買える「量り売り」の試みを展開するが、こうした取り組みは消費者からの理解なくして進み得ないものである。

　パーパスの実現は自社だけでは成り立たない。周囲のステークホルダーの理解や協力が必要で、ステークホルダーと共に実現をしていく必要がある点は、パーパス経営に取り組むうえで大切な観点である。逆にいうと、パーパスがあるからこそ、さまざまなステークホルダーと"つながる"ことができるのかもしれない。

▶他企業や地域などとの連携

　パーパスを掲げていることで、他企業や地域などとの連携が進みやすくなったケースはあるのだろうか。

　ユニリーバは、製品の原材料となる農産物を数百万もの中小農家から調達している。環境や社会に配慮した原材料を調達できるよう、外部の認証団体などと連携し、中小農家により環境に優しい農法を指導したり、そのために必要な資金貸付をしたりといった支援をしている。パーパスを実現していくためには、政府や企業、非営利団体等のさまざまなプレイヤーとの連携が重要であり、その前提として、パーパスと共に、前述の「インテグリティ」すなわち、ユニリーバの信頼につながる経営の透明性やガバナンスが

重要な要素となると考えている。

　国内での地域連携の一例が、宮崎県新富町との「サステナブルなまちづくり連携協定」である。連携の一環として、九州限定デザインの「ダヴ ボディウォッシュ」の販売を行った。同町にはウミガメの産卵が見られる海岸がある。その海岸の環境保全を目的に、地域の中学生からイラストを募って製品のパッケージデザインに採用し、売上の一部を地域の環境NPOに寄付した。イラストコンテストには200を超える応募があり、販売個数も想定以上の結果であった。地域のために貢献したいと思っている小売店ともスムーズに連携できた。パーパスを持つことがビジネスにつながるということを証明できたケースだといえる。

▶商品ブランドにパーパスを持たせることで、消費者により近い課題を解決する

　ユニリーバでは、商品ブランドにパーパスが掲げられているものがある。たとえば、「ダヴ」や「ラックス」などの商品ブランドでは、それぞれの商品ブランドがそれぞれに掲げたブランドパーパスに沿って、環境や社会に貢献する取り組みを展開している。たとえば、「ダヴ」のブランドパーパスは、すべての女性が自分の美しさに気づくきっかけをつくることである。このように商品ブランドにもパーパスを持たせることにより、実際に商品ブランドを通じて、消費者の心に寄り添いながら社会課題を解決することを目指している。

　その際に、重要になるのは「Brand Say」（ブランドが訴求していること）と「Brand Do」（ブランドが実際に行っていること）の一貫性である。たとえば、「ダヴ」では、CMなどで「あなたらしさが、美しさ」を訴求しているが、それを体現するため、CMに出演する

図表6−3　ダヴ 画像加工をしていないことを示すマーク

ダヴは写真加工を
していません

出所）ユニリーバ・ジャパン提供

女性の画像加工を一切行っていない。

　ユニリーバのパーパス経営は、パーパスが経営の根幹に位置づくため、経営・業務のあらゆる場面・仕組みで、パーパスが反映され、活かされている好例である。経営の意思決定はもちろん、従業員の人事・人材マネジメントや採用活動、さらには消費者へのマーケティングやブランディング、地域社会への働きかけなどである。すべての取り組みについて、パーパスが起点となることで、多様なステークホルダーにパーパスが伝わり、相互のつながりを生み出している。パーパスがさまざまなつなぐ価値を発揮し、ビジネスへの好影響をもたらしているケースである。

［ インタビュー先 ］
ユニリーバ・ジャパン・ホールディングス
代表取締役
北島 敬之氏

企業活動の拠りどころとして
組織に息づく「花王ウェイ」

基礎情報：花王は、創業1887年の日系消費財メーカーである。創業以来、消費者起点の"よきモノづくり"を通じて「豊かな共生世界の実現」に貢献することを使命に、活動を続けてきている。1890（明治23）年に発売した高級化粧石鹸「花王石鹸」は、日本のトイレタリー市場の黎明を告げる商品であり、社名の由来にもなった。その後、洗剤やサニタリー製品などといった、人々の毎日の暮らしを快適にする製品や、化粧品をはじめとするビューティケア製品、健康をサポートする、機能性食品分野の製品へとその事業領域を拡大。また工業用製品分野では、機能や性能だけでなく、環境にも配慮した高品質のケミカル製品を、世界の産業界に向けて提供し続けている（同社ウェブサイトより）。

▶企業活動の拠りどころとなる企業理念——花王ウェイ

　花王では、創業時から、生活者だけではなく、その人たちが暮らす社会にも役立つものを提供しなければならない、という考えがある。これは、100年以上もの間、受け継がれ、現在の企業理念「花王ウェイ」へと結実されている。花王ウェイは、花王グループの従業員にとって、マニュアルや規則ではなく、個々の仕事の意義や課題を確認するための「拠りどころ」とされている。この花王ウェイの使命にある「豊かな共生世界の実現」が、花王のパーパスである。

　花王ウェイにつながる精神は、創業時にまでさかのぼることができる。花王は、創業者である長瀬富郎氏が1887年に創業した。長瀬氏は、高品質でありながらも、日本社会の多くの人々にとって手頃な価格の製品を提供することで、すべての人々が、より良い、より清潔な、より健康的な生活を送ることができるようにな

図表6－4　花王ウェイ

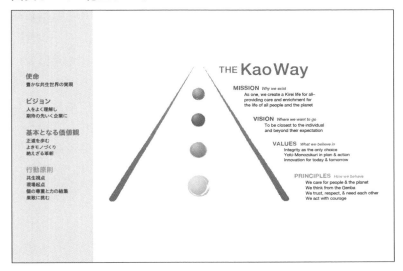

出所）花王提供

り、そして、それが社会全体の状況を改善することになると考え、最初の製品である洗顔石鹸の開発に尽力したという。

　生活者だけではなく、その人たちが暮らす社会にも役立つものを提供しなければならないという考えは、長い歴史を通じて、受け継がれてきている。その道のりでは、素晴らしい創業者、そして経営リーダーたちが育ち、1970年代以降、歴代の経営トップが花王の信念と使命を確立していったという。それらを具体化する形で花王の使命・ビジョン・基本となる価値観・行動原則へと結晶化させたものが花王ウェイである。

　花王ウェイは、中長期にわたる事業計画の策定から、日々のビジネスにおける一つひとつの判断にいたるまでの「基本」となるものである。そのため、花王グループの従業員一人ひとりにとっても拠りどころとなる大切なものとされている。花王ウェイは、

グループレベルで何年間にもわたって、その教育とコミュニケーションが展開されてきた。そして、現在では、あらゆる従業員の心の中心に位置づくようになっている。

　また、従業員の心の中にある花王の精神は、世界中の生活者にも目に見えて感じられるようにまでなりつつある。花王ウェイには、その使命として「豊かな共生世界の実現」が定義された。そして、その使命をどのようにして達成するのか、大切にしている指針となる価値観は何か、そして、日々の意思決定を行う際の原則は何かを理解するためのビジョン・基本となる価値観・行動原則がそれぞれ定義づけられている。

▶経営・事業の判断軸として活きる「花王ウェイ」

　では、花王グループのパーパスとも捉えられる花王ウェイは、経営・事業のなかで、実際にどのように活かされているのだろうか。

　たとえば、花王ウェイは、経営・事業の重要な判断軸として機能する。花王は、過去に、製品の安全性やその他の要素について疑問が生じた場合、花王ウェイに照らし合わせて、たとえわずかな疑念であっても中止するという非常に厳しい決断を下したこともあるという。

　短期的には、ビジネスに支障をきたすような厳しい決断をしなければならないこともあるかもしれない。しかし、同社においては、長い目で見れば、それは「花王が何者であるか」「どのような誠実さを持っているか」が伝わるという点で正しいことであると理解されている。花王ウェイに則った、こうした日々の積み重ねが、顧客との信頼関係形成につながり、高い信頼を生活者から得ることで、企業価値の向上やより高い企業評価を得ることができ

る。生活者から高い信頼が得られれば、長期的により多くの製品を購入していただけるようになると考えている。

───────────

「企業として、正しいことを行うことで、利益を創出し成長を実現するのが理想であり、最終的な目標。歴代の社長は、『生活者から得た実際の売上や利益、あるいは生活者からの感謝の気持ちを、今後の生活者のために再投資する必要がある』とよく話していた。花王ウェイに従うことは、多くの場合、ビジネスを構築する助けになる。しかし、時には厳しい決断を下さなければならないこともある」（マンツ氏）

───────────

　花王ウェイは、商品開発プロセスへも反映されている。たとえば、新商品の開発プロセスでは、「商品開発5原則」と呼ばれるものがあり、そのひとつに「社会的有用性の原則」がある。これは、新商品が社会にとって本当に有用なものであるかを問うものであり、花王ウェイにも通じるものである。花王では、商品開発プロセスにおいて、新商品がこれらの5原則を満たしているかを確認しつつ、その時代に合ったガイドラインやプロセスが運用されているという。

　このほかにも、投資判断において花王ウェイが考慮される場面があり、花王ウェイは、事業活動のプロセスにまで組み込まれ、従業員の日々の業務のなかに浸透しているのである。

▶花王ウェイの従業員への浸透

　花王では、従業員一人ひとりが花王ウェイを深く理解し、日々

の業務で実践している。花王では、従業員に対して、花王ウェイをどのように浸透させているのだろうか。

　まず、会社に入社する前の段階で、たとえば採用の面接からコミュニケーションを始めることが大切であるという。採用面接では、採用側から花王ウェイに関するさまざまな側面について、管理職が"個人として"話をすることもある。さらに、入社してからも、新入社員を含む従業員を対象としたセミナーやワークショップが世界中で開催されている。

　また、経営幹部も同様に花王ウェイについて考える機会がある。過去には、たとえば米国では経営幹部が月に一度集まり、花王が直面している重要な課題を解決するために自らのビジネスを見直すという議論をしていたという。これは、あるリーダーが花王ウェイの特定の側面について話し、それが自分にとってどういう意味を持つか、またそのためにどのように行動するかを語る。リーダーとして誠実さとは何か、その価値観に基づいてどのような選択をするのか、直面する課題とその価値観に基づいてどのように決断するのか、といった内容が話される。このような形で経営幹部はコミュニケーションを取り合い、その結果、花王ウェイが、花王グループの経営幹部や従業員の行動のなかにも息づくようになっている。

———————

「花王ウェイに関する経営幹部同士の対話を机上の空論にしてはならない。経営幹部としてどのように行動するか、そして、自分の信念や行動、決断を示していくことが非常に重要となる。経営幹部は、花王ウェイに基づく行動・決断について従業員にとっての模範になる必要がある」（マンツ氏）

———————

このように、花王では、従業員への花王ウェイの理解や浸透を図る取り組みを非常に大切にしている。花王に入社するほとんどの人材が、組織に加わる前に花王ウェイを目にするという。それは、自分の価値観に合った会社の判断を知り、会社の価値観に自ら賛同して組織に加わり、そして花王ウェイ自体を深く理解することが重要であるためだ。

会社の一員となった後も、同じような教育プロセスを経ることになる。花王ウェイは、すでに20年近くにわたり花王と共に歩んできたが、その長い期間のコミュニケーションにより花王ウェイは、世界中の花王のなかに浸透している。

現在では、花王が存在するすべての場所で、その地域のマネジャーは、どの国の新入社員にも花王ウェイを伝え、浸透を強化する能力やスキルを持っているという。このように長い年月をかけて取り組んできたコミュニケーションの積み重ねによって、花王ウェイは従業員の心の中心に位置づくようになったのである。

▶企業活動を通じて「花王ウェイ」を体現する ——ESG戦略：「Kirei Lifestyle Plan」

このように花王ウェイは、花王の従業員に息づく存在であるが、実際に事業戦略やサステナビリティ経営、また、経営計画などの企業活動とはどのような関係で整理されるのだろうか。

花王では、2019年にESG戦略「Kirei Lifestyle Plan」（キレイライフスタイルプラン）を策定・公表した。「Kirei Lifestyle Plan」には、ESGの観点から重点的に取り組むべき具体的な課題とともに脱炭素や責任ある原材料調達、パーパスドリブンなブランドなどのテーマで、サステナビリティ課題に対する具体的なアクションプランが示されている。

花王ウェイは、使命やビジョン、価値観、行動原則を示しているが、ESG戦略である「Kirei Lifestyle Plan」は、花王ウェイを、実際に企業活動を通して具体的に実現していくための戦略として捉えることができる。

花王では、花王ウェイを踏まえつつ、「どうすればお客様の役に立てるか」という点に重きをおいてこのプランを策定したという。「すべての人が、より持続可能な生活を送れるようにするために、何をすべきか」。それを追求したものが「Kirei Lifestyle Plan」である。実際に、「Kirei Lifestyle Plan」では、ESG戦略を通した顧客へのコミットメントが色濃く示されている。生活者のQOL（生活の質）の向上や、暮らしを変えるイノベーションをはじめとした、人々の持続可能な生活をかなえるためのアクションが多くを占めている。

図表6－5　ESG戦略「Kirei Lifestyle Plan」

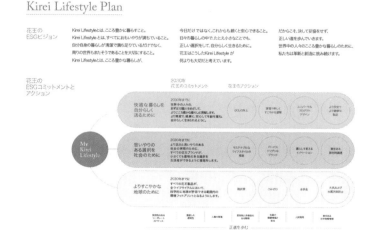

出所）花王提供

また、花王グループ中期経営計画「K25」（2021-2025年度）においても、方針のひとつに「持続的社会に欠かせない企業になる」が掲げられ、その目標と主要成果を「サステナブル自走社会をリードする」および「ESG投資＝未来財務」としている。サステナビリティやESGは、花王の今後の経営を左右する重要な要素として経営計画の中核にも組み込まれている。

　このように花王のパーパスでもある花王ウェイは、創業時から受け継がれ、現在においても、花王グループの従業員のなかに深く息づいている。そして、従業員の意識に浸透するのみならず、経営計画やESG戦略、商品開発や人財マネジメント、投資判断基準などさまざまな経営プロセスのなかにも組み込まれている。こうすることで、従業員の日々の業務におけるさまざまな判断の「基本」となるものとして組織内外に息づいているのだ。

　花王ウェイは、単に掲げられているだけではない。実行プロセスまで一貫性をもって落とし込んでいることで、現在では、あらゆる従業員の心の中心に位置づくようになっているのである。

［ インタビュー先 ］
花王株式会社
常務執行役員 ESG部門統括
デイブ・マンツ（David Muenz）氏

一人ひとりの顧客と向き合い、最高の体験を提供する

基礎情報：スターバックス コーヒー ジャパンは、1996年8月に東京・銀座に日本1号店「銀座松屋通り店」をオープンし、スターバックスの店舗としては、北米以外の新市場における初の店舗となった。以後、「人々の心を豊かで活力あるものにするために―ひとりのお客様、一杯のコーヒー、そしてひとつのコミュニティから」をミッションとし、コーヒーのみならず、家でも職場でもない「サードプレイス」を提案するなど、さまざまな価値を生み出してきた。店舗数は約1700店舗で従業員数は約4500名。アルバイトを含めると約4万3000人に及ぶ（いずれも2021年12月末時点）

▶スターバックス コーヒー ジャパンのパーパスとは

スターバックス コーヒー ジャパン（以降、スターバックス）のミッション（Mission）は、

> **OUR MISSION**
> 「人々の心を豊かで活力あるものにするために―
> ひとりのお客様、一杯のコーヒー、
> そしてひとつのコミュニティから」

である。そして、すべてのお客に最高の体験を提供できるよう行動規範（OUR VALUES）を定め、これらを体現している。これらのミッションと行動規範は、Our Mission and Valuesと呼ばれ、これを軸に、日々、お客一人ひとりと向き合っている。スターバックスにおいては、このOur Mission and Valuesがパーパスに該当

するものであると考えられる。

　スターバックスの価値観の根幹にあるのが、創業者のハワード・シュルツ氏の信念である「企業リーダーとして私が求めるのは、常に利益と社会的な良心を両立させようとする、優れた永続的な企業を築くことである」という考えであるという。彼が目指したのは「人が尊厳を持って働くことができる会社」であり、その信念がそのまま大切にされてきた。

　たとえば、同社では、コーヒー豆を市場価格より少し高く購買している。これは、ブランドの発展と共に利益が循環し、結果的に世界中のコーヒーの農園が豊かになる、というストーリーを「一杯のコーヒーから」実現するためでもあるという。そのため、よくコーヒー・チェーンで追求されがちである店舗数や来客者数（＝成長そのもの）を目的としていない。来店していただいたより多くのお客にハッピーになってもらうことが目的であり、「意味のある成長」をすることを意識している。

　スターバックスのパーパス経営実践のポイントは、「一人ひとりと向き合う」ということである。ポジションや役割にかかわらずスターバックスで働く人をパートナーと呼び、従業員一人ひとりが自主性を持って、店舗での日々の接客で、お客一人ひとりを見て、感じ、そこで考えて、対応の仕方を判断することを目指している。この接客の際にこそ、最もパーパスが活かされる。スターバックスには、接客マニュアルは存在しないという。そのなかで、どのようにして接客サービスの質を保っているのだろうか。

　スターバックスでは、ミッションとして、「人々の心を豊かで活力あるものにするために──ひとりのお客様、一杯のコーヒー、そしてひとつのコミュニティから」を掲げている。もともと、このミッションに共感しているパートナーが集まっている組織であり、また、このミッションは、スターバックスのすべて（経営判断、制

図表6-6　スターバックスのOur Mission and Values

OUR MISSION
人々の心を豊かで活力あるものにするために―
ひとりのお客様、一杯のコーヒー、そしてひとつのコミュニティから

OUR VALUES
私たちは、パートナー、コーヒー、お客様を中心とし、
Valuesを日々体現します。

お互いに心から認め合い、誰もが自分の居場所と感じられるような
文化をつくります。

勇気をもって行動し、現状に満足せず、新しい方法を追い求めます。
スターバックスと私たちの成長のために。

誠実に向き合い、威厳と尊敬をもって心を通わせる、
その瞬間を大切にします。

一人ひとりが全力を尽くし、最後まで結果に責任を持ちます。

出所）スターバックス コーヒー ジャパン ウェブサイト

度、文化など）の基軸となっている。

　当然のことながら、ビジネスもミッションに従って展開されている。一人ひとりのお客にきちんと向き合い「お客様が何を求めているのかを察する」ために、あえて接客マニュアルも作成していない。逆に、接客マニュアルが存在しないことで、パートナー一人ひとりが主体的に考えることが当たり前となっている。この「一人ひとりに向き合い、ニーズに合わせてカスタマイズする文化」は、たとえば、店舗のデザインが各店舗によって異なる（地域特性に合わせてレイアウトを変更したり、地元のアーティストの絵を店内に飾るなど）ことにも表れている。

▶お客に体験を届けるためにパートナーを重視する

　それでは、一人ひとりのお客に向き合うために、社内ではどの

ような働きかけがあるのだろうか。

「お客様とパートナーとの接点がすべて。そのため、パートナーが思いを持って働くことが大切になる。『お客様に体験を届ける仲間』という意味で、スターバックスでは、すべての従業員を『パートナー』と呼んでいる。パートナーにとって、自分たちが働く職場に誇りを持ち、また自分の居場所と感じられる環境にしていくことがスタート地点となる」（水口氏）

　従来、スターバックスでは、新しいパートナーが初めてお客に接するまでに約80時間、そして、現在では、eラーニングなども導入され約40時間をかけて、Our Mission and Valuesの座学や、ミッションの中で自分の共感できる部分を探すワーク、自分が成し遂げたいことを考え表現するトレーニングなどを行っている。そして、自らが掲げた目標に基づき、アルバイトも含めて4カ月に1回の頻度で店長と対話をする機会をつくる。

　また、「グリーンエプロンカード」と呼ばれるValuesの内容が書かれたカードを使って、行動規範を体現した行動が見られた際、即時にパートナー同士でフィードバックができ、成功体験をすぐにパートナー本人が自覚することができる。経験を積むと自分がコーチ役になる機会も多いが、教える本人にとっても大きな学びになるという。

　リーダーからの発信としては、CEO自ら、毎月1回を目安に、自らの思いをパートナーに対して発信している。内容は、今大切にしたいと思っていることやブランドが目指す未来、感謝したいこと、共に乗り越えたい大変なことやつらいことなどさまざまであ

る。こうしたさまざまな対話や透明性を持ったコミュニケーションによって、自分たちが何のために働いているかを確認でき、結果としてパートナーのエンゲージメントが高まり、長期にわたってモチベーション高く勤務することにもつながっている。

　また、人事評価でもミッションに沿った行動が考慮される。具体的には、「パフォーマンスの成果」「Our Mission and Valuesを体現した行動」「他人の成功を助けられたか」で評価されるが、これらの評価の割合は等分とされている。

———————————

「こうした風土や取り組みから、直近の従業員満足度は89%を得ており、この指標はとても重要視している。まず働いている人が会社に共感をしてもらえているかがとても大切だと考えている」（水口氏）

———————————

▶パーパスが息づくための工夫

　スターバックスで、パーパスが息づきパートナーが高い満足度を得て、さらに接客マニュアルがなくとも良いサービスをお客へ提供できる背景には、オープンでフラットな企業文化や、目標設定において、会社と個人の接点を探るような仕掛けなどさまざまな工夫がある。

　たとえば、オープンでフラットな企業文化が育まれている背景には次のような風土がある。

「スターバックスではValuesにもあるように、『人間らしさ』を大切にし、誰に対しても思ったことを自分の言葉で伝えることを大切にしている。信頼関係がきちんとあれば、お互いの成長のために意見をぶつけ合うことはできる。立場の違いを超えて、パートナーの誰もが日常的に意見をぶつけ合えることを目指している。それを長年の間、積み重ねてきて現在の文化が育まれてきた」(水口氏)

　また、会社と個人の接点を探るような仕掛けは次のような考え方に基づくものである。

「スターバックスが大切にしているもの(＝ミッション)と個人の大切にしていることや目指したい姿が重なり合う接点を大切にして、この部分を個人の目標とすることで、目標が"自分事化"され、会社へのエンゲージメントを生み出している。ツールやルールを作ることに本質的な意味はなく、大切なことは『一人ひとりにしっかり向き合う』こと。問題があればオープンに指摘し解決策を探し、意見が異なる時はしっかりとぶつけ、最善の方法を見つけ出す。これが『人と向き合う』ということであり、その文化の醸成はとても大切にしている。社内で培ったそうしたカルチャーは、サービスにも活きる。お客様が何を考えており、何を求めているのかにきちんと向き合うこと、お客様を『察する』ことに重きをおいている。どのお客様も違うからこそ、一人ひとりのお客様に寄り添うことが大切、マニュアルは作れない」(水口氏)

実際に、スターバックスの店舗では、個別のお客をとてもよく観察しているように感じる。パートナーがお客一人ひとりにしっかりと寄り添うことで、パートナーからお客に対してのコミュニケーション量も多い。

▶社会に良い影響をもたらす
――ソーシャルインパクトに向けた取り組み

スターバックスでは、「ソーシャルインパクト」（社会に前向きな変化、より良い影響を与えていく）という考え方がある。これは、自社の範囲だけでは大きな変化にはならないが、自分たちが一歩を踏み出すことで社会に前向きな変化のきっかけを作ることはできるという前提に立った考えだ。スターバックスが、池に石を投げ、波紋が広がっていくように、社会に良い影響の波紋を広げていくことを志向する。具体的には

・サステナビリティ（ex.使い捨てプラスチックやフードロスをはじめとした廃棄物削減、コーヒー豆かすのリサイクル、環境負荷の低い店舗運営など）
・インクルージョン＆ダイバーシティ（手話が共通言語の「サイニング ストア」をはじめ、誰もが自分らしくいられる居場所を通して各人が能力や価値を発揮できる環境づくり）
・ユースリーダーシップ（経済的困難を抱える若者に学ぶ機会を提供する「ハミングバード プログラム」をはじめ、未来に向かって挑戦するすべての若者への支援）

という3つのテーマを掲げる。また、地域と人をつなぐ場所として、パートナーが自ら発案し、地域コミュニティのために行う店

舗主導の活動、「コミュニティ コネクション」は年間約8000件（現在は新型コロナウイルスの影響を受け、開催を一部制限中）ほど行われているという。

　こうした店舗主導で、社会に良い影響をもたらす取り組みを自ら考えていく機会があることも、パートナーがより広い視野を持ち社会への感度を高めたり、自らに誇りを持つという意味で、事業全体に良い影響を与えているものと考えられる。

［ インタビュー先 ］
スターバックス コーヒー ジャパン株式会社
代表取締役最高経営責任者（CEO）
水口 貴文氏

第 7 章

実践ケース④

パーパスを
社会変革に活かす

〈ケースでわかる〉
実践
パーパス経営

PURPOSE
Management Handbook

続いて、本章では、実践ケース分類「④社会：パーパスを社会変革に活かす」を紹介する。

社会変革：パーパスが、外部ステークホルダーとの連携や共感・共鳴を生み出し、社会変革にまで活かされようとしているか

　4つ目は、自らのパーパスが、社会変革まで意図され、実際に社会変革にまで活かそうとしているかどうかである。パーパスは、社会的な存在意義を表すため、パーパスを究極的に追求していけば、社会に影響を及ぼしていく（＝社会変革を引き起こす）ことになる。もともと社会変革を志向して創業しているような企業が該当しやすい。

　ここでは、パーパスを、自らの組織運営において活かすのみならず、社会自体の変革を意図し、社会変革にまで活かそうとしているケースを紹介する。

　本章では、社会までを重要な対象として想定している企業ケースとして、ラッシュ、鎌倉投信、飯尾醸造、Ｌｏｏｏｐを紹介する。加えて、非営利組織のパーパスの例として、一般社団法人エシカル協会の例を取り上げる。

　なお、前述の通り、これらの実践ケースの分類は、実際には単独の分類のみにとどまらず、ほとんどのケースで複数の場面にまたがって活かされている。そのため、実践ケースの紹介では、主にどの場面の活用を主軸としているかという観点から分類している。本章で取り上げるケースも社会のみを対象としているわけではなく、特に社会という観点で特徴が見られるという位置づけとなる。

地球を救うために
コスメティックレボリューションを起こす

基礎情報：ラッシュ（LUSH）は1995年、6人の共同創立者たちによって設立された。本社は英国でハンドメイドの化粧品・バス用品を自社で開発・製造する。世界48の国と地域でビジネスを展開し、世界6か国に7つの製造拠点を有し、グローバルで900店舗以上を、日本国内では75店舗（2022年2月時点）を展開する。動物実験の実施や委託をせず、商品は100％ベジタリアンであるほか、商品の8割以上が合成保存料フリーで、商品に使用する全原材料の89％が自然由来である。共同創立者であり商品開発者でもあるマーク氏が会社の核となり、従業員と共に経営していくというスタイルを持つ。従業員はグローバルで1万1000人、日本国内は1300名。非上場であり、株式の10％を従業員が所有する、従業員互助信託を有する。

▶ラッシュにとってのパーパスとは

　ラッシュには、「ラッシュの信念（We Believe）」が経営の基軸に据えられている。この信念は、ブランドとして大切にしている価値観である。ラッシュにとって「誓い」「指針」であり、判断に迷った時の「灯台」のような位置づけであるという。この「ラッシュの信念」が、ラッシュにおけるパーパスに該当するものと考えられる。

　なお、ラッシュにはパーパスの上位概念として、「地球をよりみずみずしく、豊かな状態で次世代に残す（To leave the world lusher than we found it.）」があるという。これは、ラッシュが関与することで、今ここに存在するすべての人やもの、社会や環境が、現在よりもみずみずしく豊かな（LUSHな）状態でこの先の未来にも存在し続けることを目指して企業活動を行うというもので

ある。

「ラッシュの信念」が定義されたのは、ラッシュの前身である「コスメティクス・トゥー・ゴー」の経営が失敗して倒産し、ラッシュが創立された時である。なかには、安全性の高い商品・動物実験の廃止・ハンドメイドの必要性・作り手のハッピーなどラッシュの経営・事業のすべてに反映される事項が記されている。

「ラッシュの信念」は、創立時から現在まで受け継がれ、基本的に変わらないものである（ただ、2017年に一度だけ「移動の自由」に関する一文が加えられた。この背景として、数年前に欧州を中心に難民問題が大きくなっていたことがある。こうした社会的課題も踏まえ、「人は誰にも制限されずに自由に行動するべき」というラッシュの想いが新たに込められた）。

　ラッシュの経営や事業展開においては、「ラッシュの信念」があらゆるものの基軸となっているという。たとえば、信念に「ハッピーな人がハッピーなソープを作ることを信じています」とあるが、組織・人事制度やカルチャーにもこうした信念が反映され、人材については「弱みではなく、伸びしろ」と呼ぶことや、「失敗しても良い」というカルチャーの醸成など、従業員が継続的に成長していける環境づくりなどが実践されている。

　また、「ラッシュの信念」とは別に、「秘密のマスタープラン」と呼ばれるプランもある。これは、グローバル全体で成し遂げたいゴールを設定したものであり、ラッシュが事業を通して成し遂げたい社会変革の意図が感じられるものとなっている。

　たとえば、「全てのニーズに応じた商品を作る。お客様が欲しいものではなく、必要とするもの」と記されている。普通はお客様が欲しいものを提供するが、ラッシュは顧客が必要とするもの、それは社会が必要とする商品を作るとも読み取れる。そして、「全てのカテゴリーでナンバーワンになる。現状に甘んじてはいけな

図表7－1　ラッシュの信念

A LUSH LIFE - ラッシュの信念

私たちは、フレッシュでオーガニックなフルーツや野菜、高品質のエッセンシャルオイル、そして安全性の確認された合成物質から効果的な商品を作ることを信じています。

私たちは、動物実験をしていないことを確認できた会社からのみ、原材料や資材を買い付け、またその安全性は人間の肌の上で確認することが重要であると信じています。

私たちは、自社で商品と香りを開発しています。
私たちは、フレッシュにこだわり、ハンドメイドで製造します。
合成保存料やパッケージは、可能な限り使用せず、使用する場合も最小限にとどめます。原材料は全てベジタリアン対応のもののみを使い、商品そのものに製造年月日を明記しています。

私たちは、ハッピーな人がハッピーなソープを作ることを信じています。
そして、私たちの商品に記された作り手の顔が、お母さんを誇らしい気分にさせると信じています。

私たちは、キャンドルを灯しながらお風呂でくつろぎ、シャワーを誰かと一緒に浴びたり、マッサージをしたり、心地よい香りで世界をいっぱいにすることと同時に、たとえ失敗して全てを失ったとしても、再びやり直す権利があると信じています。

私たちは、商品が価値あるものであると信じています。そして適正な利益を得ること、常にお客様の価値観を尊重することを大切にしています。

私たちは、誰もが世界を自由に行き来し、その自由を楽しむべきであると信じています。

私たちはまた、fresh/ フレッシュ、organic/ オーガニックという言葉が、単なるマーケティングの領域を超えて、実際に「新鮮」であり、「有機」であるという本来の言葉のもつ意味を信じています。

出所）ラッシュ・ジャパン　ウェブサイトより

い。ビジョンの全てを満たす新商品を発明する」という強い意図が示され、最後に、「地球を救うためのコスメティックレボリューションを起こす。もう時間がない。革命が必要だ」とある。

「地球を救うためのコスメティックレボリューションを起こす」の背景として、ラッシュは、常にフレッシュな原材料を使った商品を開発し、自然と共存してビジネスを“させてもらっている”という考えがある。そのため、この豊かな地球が継続していくことは必須であると考え、そのなかで企業が果たす責任は多くあるという意思が示されたものである。

　この「地球を救うためのコスメティックレボリューションを起こす」という部分は、ラッシュが社会にどのような影響を及ぼすのかが示されているという点から、ここもラッシュのパーパスに該当すると捉えられる。

図表7－2　秘密のマスタープラン

出所）ラッシュ・ジャパン　ウェブサイトより

▶マーケティングコストは広告ではなく人に投資する

　では実際に、ラッシュでは、パーパスに該当する「ラッシュの信念」がどのような場面で経営に活かされているのだろうか。たとえば、マーケティングやブランドリレーションの場面でも、ラッシュの信念が色濃く反映される。たとえば、ラッシュでは、マーケティングにおける考え方として「マスはコントロールできないものだ」という前提でビジネスが組み立てられている。

　そのため、ラッシュでは、マーケティングを必要としない。マーケティングを行わない代わりに、最も大切になるのは「人」（＝従業員）であると考える。マーケティングのために広告費にお金をかけるのではなく、従業員に投資をし、従業員を通じてラッシュの商品の良さを伝えていく。広告費ではなく従業員への投資を重視する点はユニークなアプローチであり興味深い。

　また、ラッシュでは、「人の『善意』や『もてなしたい』という気持ちを信じ、開花させる」ことを大切に考えており、これこそが経営者の行うことだとされている。人は人をもてなしたいという気持ちを本来的には持ち、人はWholeness（十分備わっている）であるということをラッシュは信じている。

　このためラッシュでは、インターナルなブランディングに重きが置かれており、「ラッシュは、なぜ存在しているのか」という議論がよく行われる。具体的には「朝起きて、ラッシュが世界からなくなっていたら、何が失われるのか」といった議論であり、こうした問いには、各人が答えを持っているという。これらはインターナルブランディングの取り組みとして、グローバルレベルで店舗ごとにカスタマイズされて展開されているという。たとえば、「スタッフの元気がなくなったりした際に元気になるため」や、

「初心に帰るため」などのタイミングで、すでに実施されてきたさまざまなアーカイブが参考にされている。

　ラッシュでは、こうした「ラッシュの信念」を信じて、まさにラッシュらしいビジネスを貫いてきたところ、結果（＝業績数値）がついてきたという。各店舗で見てもスタッフの力が強い店舗では必ず売上が上がっており、商品そのものやそこにあるストーリーをスタッフが自分の言葉でお客に話せる店舗は業績数値も不思議と上がるのだという。

▶従業員の倫理観・価値観を大切にする

　ラッシュは、従業員の倫理観・価値観を大切にする。たとえば、ラッシュジャパンでは日本の1300人の従業員に共通のメッセージを届ける際にも、"会社"の価値観を"個人"に押し付けないように配慮される。一方、個人それぞれが持つ倫理観・価値観を、ラーニングハブ、店長会などの従業員同士のコミュニケーションの場を通じて共有し合い、個人の倫理観・価値観に互いに触れ合うような機会を用意している。

　実は、ラッシュのマーケティングコストの多くがこうした従業員同士のコミュニケーションに費やされているという。これは、ラッシュにとって、ショップ（店舗）が最大のメディアであり、そのショップのスタッフこそが広告塔である。だからこそ、スタッフへの投資が重要であるという考え方に基づいている。

　ラッシュが、従業員個人の倫理観や価値観に互いに触れる機会を積極的に用意する背景には、実は、従業員が自分の倫理観・価値観に自ら気づいてほしいと考えているからだという。そうすれば、たとえば、スタッフとして店舗で顧客と接する際にも会話の引き出しができる。

顧客との会話は、自らの言葉で話す必要があり、マニュアルはない。ラッシュでは、こうした日々の積み重ねで研ぎ澄まされた個人の倫理観・価値観が集まり、その集合体がラッシュという会社の倫理観・価値観を創り上げていると考えられている。これはラッシュの信念を揺らぐことなく貫き通し続けてきたからこそ、やっとたどり着いた段階なのだという。

　グローバルレベルでも店長がコミュニケーションを取る場があるという。たとえば、数年前には英国本社では、「世界店長会」を実施し、全世界・全店長を一堂に会したことがあった。ここでは売上などの業績数値の話はなく、原材料をはじめとする世界の問題について数日間を費やし議論するような場もあった。

　さらに、ラッシュでは、倫理や道徳に触れるようなものは、基本的には会社組織によって指示されるものではないと考えられている。とにかく従業員が学ぶ環境があれば、感じるものも変わり、従業員の倫理観・価値観がアップデートされていくため、ラッシュはその環境やきっかけを与え続けることが大切であると考えている。そうすることで、すべてのスタッフそれぞれの人生がみずみずしくなると信じられている。

　スタッフの人生がみずみずしくなる（＝ハッピーになる）ことは、ラッシュがブランドとして大切にしていることである。スタッフがハッピーになるからこそ、コスメティックレボリューションを起こすことができると考えている。

　採用する人材についても働く人たちとのシンパシーは重要視している。採用では、グループディスカッションや会話をする機会を多く設け、「ラッシュの信念」に通じる部分が見出せない場合は、ラッシュで働いていても楽しくないということを伝えている。新卒も中途も同じ形（採用基準）で採用を行っているという。

▶ラッシュの人事評価の仕組み

　ラッシュの人事評価の仕組みはどのようなものなのだろうか。ラッシュジャパンでは、人事評価制度を3つのフェーズに区切って改革を進めたという。その改革プロセスは、ラッシュの信念が反映され興味深いものである。

1フェーズ目

　まず、「Our Win」という働くプリンシプルを作成した。具体的な内容としては、たとえば「あなたのWinではなくみんなのWinだ」や、「常に前向きにいこう」など10項目ほどが定義された。これらを2〜3年かけて浸透させた。また360度評価を採用し、上司や部下の4〜5名から評価をもらう仕組みを取り入れた。上司だけの評価で決められないようにしているほか、この評価はボーナスの査定のためではなく、個人の成長のための評価とされている。また、ボーナスは利益が出た場合に支給されるが、それとは別途、「WE BELIEVE AWARD」のような形で、ラッシュのブランドに信念を持って貢献した人が社内からノミネートされ、賞金や新鮮な野菜などがもらえるような仕組みを整えた。

2フェーズ目

　次に、ポジティブ・フィードバックのカルチャーを根付かせた。具体的には、強みや伸びしろをさらに伸ばすフィードバックを行ったり、コンフリクトを恐れずにフィードバックを行ったりするため、ワークショップを展開した。これにより、フィードバックの質に変化が見られた。このフェーズでは、すでにみんなが「協業しなくてはならない」という意識や文化が生まれていた。これ

は4年ほどかけて実施した。

3フェーズ目

　2021年時点では3フェーズ目である。店舗には、売上に応じたバンドが設定されており、バンドごとにボーナスが出される仕組みがある。評価は、自分たちが掲げた予算を達成できたかで評価され、予算目標を自分たちで作るということもラッシュの特徴である。自分たちで作った目標だからこそ頑張ろうと思うこともあると思っており、店舗主導で、本社はサポートを行う役割を担う。

　ラッシュにおいては、売上が上がることは、顧客にたくさんのLUSH LIFEが届くことであると考えられている。

▶キッチンでシェフがバスボムをハンドメイドする

　最後に、製造の場面も「ラッシュの信念」が貫かれている。日本では、厚木にあるキッチン（工場）に常に400人ほどのシェフがいる。バスボムは"シェフ"の手によって驚くほどハンドメイドで作られている。キッチンではシェフが皆誇りを持って働いている。動物実験に対して反対の想いを持っている人も多い。2次サプライヤーにまで動物実験の有無を確認するチームがいて、間違いが起きないよう管理されている。製造から販売まですべて自社で行っており、その意味で、自社の信念を貫くビジネスモデルになっているともいえる。そこには「自分たちの目で確かめたい」という想いがあるという。

　直接見ることも大切にしている。たとえば、ナチュラルコスメ業界であると、マーケティングの考えとしてオーガニック認証を持っていることは重要な要素だが、弊社はこれを意識して取得するわけではなく、本質的にサプライチェーンの中で守るべきこと

を守ることによって自然と得るものであると思っている。その意味でも個人の倫理観を持つ環境が重要になっている。

———————

「ラッシュに入ることで、世の中に対して自分の無力さを知ってしまうことになったが、こうした思想は持っていて当然だと思っている。世界に残酷なことは多くあるが、個人がそれを認識し、少しずつ広がっていくことで少し地球の問題は解決されるかもしれないと思っている」（小林氏）

———————

　ラッシュでは、ラッシュの信念を貫き、「地球を救うためのコスメティックレボリューションを起こす」というゴール観のもと、経営・事業のすべてにおいて、従業員個人の倫理観・価値観が重視される。従業員が働く際に、個人の倫理観・価値観を家に置いてきて、オフィスでは違う、となるとハッピーではないと思っている。ラッシュは、非上場であり、今後も上場するオプションはないという。ラッシュの株式は、全従業員で10％を保有し何か買収の危機などにさらされた場合に会社を守る仕組みとなっている。こうした非上場という形態も、ラッシュのユニークな経営・事業のスタイルを貫ける要因のひとつだと言える。

［ インタビュー先 ］
ラッシュジャパン 合同会社
コマーシャル担当執行役員
小林弥生氏

「社会に役立つ本来の金融のカタチ」を追求し、実現する

基礎情報：鎌倉投信は、日系・外資系の金融機関で長年にわたり資産運用に従事していた創業者たちによって生まれた独立系の投信委託会社である。リーマンショック直後、世界経済が混乱するさなかの2008年11月に設立された。自然と伝統文化にあふれ、日本で初めての武家社会を創り、革新的な気質を持つ「場」とされている鎌倉で、「結い2101（ゆい にいいちぜろいち）」という投資信託の運用・販売を事業としている。

▶鎌倉投信の志（経営理念）

　鎌倉投信は、会社の成り立ちそのものがパーパスに深く関わるものである。創業時の精神は、「鎌倉投信の志」として表現され、設立以後、十数年変わらずに受け継がれてきた。この「鎌倉投信の志」は、同社の存在目的であり、目指している世界観であり、自社が何をどのように達成していきたいかを表現している。

　鎌倉投信の志（経営理念）のなかに次のような表現がある。

ありたい姿

調和を生む「和」の心を大切にし、「話」と出会い、
「輪」がつながる、こうした3つの「わ」が育まれる「場」
としての運用会社でありたい。

　ありたい姿に表現された3つの「わ」は、
「和」は、日本の普遍的な価値を感じることができる「場」を、

図表7-3 鎌倉投信の志（経営理念）

鎌倉投信の志（経営理念）

ありたい姿

調和を生む「和」の心を大切にし、「話」と出会い、「輪」がつながる、
こうした3つの「わ」が育まれる「場」としての運用会社でありたい。

目指す将来像

大切な私たちの資産、産業、文化、伝統を未来へ運び、
新たな資産、産業、文化、伝統を創造しながら、心豊かに成長できる社会。

何を実現するか

投資家の経済的な豊かさと社会の持続的発展の両立を目指し、その実感と喜びを分かち合うこと。

どうやって実現するか

・社会との調和の上に発展する会社に投資することによって。
・投資家と運用者はもとより、投資家と投資先の会社が顔の見える関係をつくることによって。
・社員がいきいきと働く企業風土をつくることによって。
・株主、取引先、地域社会への感謝の心のもとに接することによって。
・鎌倉投信自身が社会・自然環境との調和の上に持続的に発展することによって。

出所）鎌倉投信　ウェブサイトより

「輪」は、人が集い、言葉が集い、夢が集い、そしてその場が広がる「場」を、

「話」は、会話や言葉に溢れ、夢や希望を分かち合う「場」を、

　それぞれ、表している。

　さらに、鎌倉投信の志には、「目指す将来像」「何を実現するか」「どうやって実現するか」も含まれている。これらを含む「鎌倉投信の志」そのものが鎌倉投信にとってのパーパス、すなわち社会における鎌倉投信の存在意義であると捉えられる。

▶社会に役立つ本来の金融のカタチとは何か
　　──鎌倉投信の志

　鎌倉投信の設立は、リーマンショック直後の2008年11月である。金融業界で働いていた創業者である鎌田恭幸氏は、当時の金融の仕組み自体に問題意識を持ち、「社会に役立つ本来の金融の

カタチとはかけ離れているのではないか」と感じていた。

　当時の金融業界各社は、投資哲学や経営目的こそしっかりとしているものの、収益目的の経営思想が強く、金融業界全体としても社会のため、顧客のためを真剣に考えている金融機関が少なかったという。金融という枠組みを通じて、社会を応援することができないかという想いから、かつての同僚と半年という時間をかけて議論を重ね、「社会に役立つ本来の金融のカタチ」について構想を練り上げていった。

　こうした議論のなかから現在の鎌倉投信のパーパスとも位置づけられる「鎌倉投信の志」が生まれた。最初にある「ありたい姿」に含まれる3つの「わ」（場）は、単純に3つの場を作るだけではない。より善いものが循環するという金融のカタチを大切にしたいという意図が含まれている。豊かな社会を作るために関連資本を積み上げていくことで、場がつくられ、その場でよいものがつながっていく、という姿を描き、これを経営理念（鎌倉投信の志）にも表した。

「鎌倉投信の志」に基づく代表的な事業としては、同社が運用・販売する公募の投資信託「結い2101」がある。「結い2101」は上場企業を中心として個性のあるいい会社に投資をする投資信託で、日本に本当に必要とされる「いい会社」に投資する。運用会社が自己満足のために投資信託を設定しても世の中には広がりにくい。

　そこで、同社では、多くの個人投資家と一緒に枠組みを運用するために公募型の投資信託としている。販売方法についてもこだわり、お金の循環について手触り感を持ってもらうために間に販売会社（証券会社や銀行）を挟まずに直販としている。これにより、投資家が社会を支えている喜びや実感を分かち合える関係づくりが成り立っているというわけだ。

▶商品・サービスの再定義が求められる時代

――――――

「鎌倉投信が立ち上がった頃は、社会性と経済性は二項対立だと思われていた。しかし、ここ十数年でバランスが取れるようになってきている。これからは、社会価値を創造しなければ利益を生みにくい時代となる。そのことに経営者も早く気づくべき。そうしなければイノベーションも生まれない。今後は、利益のみを目的とする投資家は、企業側が投資を希望しないと言えるような時代になっていくだろう」（鎌田氏）

――――――

　こうした環境変化のなかでは、社会性と経済性のバランスをいかに取るかという発想から抜け出す必要性にどれだけ早く気づくかが問われる。こうした変化に気づけるかは、経営層や経営幹部がどのような価値観を持つかに大きく左右される。経営者や経営幹部がいかに自身の価値観を社会変化と照らし合わせつつ研ぎ澄まし、それに基づき、ぶれない軸をもって、社会に変化を起こしていくことが成長につながる時代となる。

　一方で、同社は下記のようにも考えている。

――――――

「これまでに成功してきた大企業の仕組みのなかで出世してきた人の傾向として、会社の存在目的と個人自らの存在目的が合致していないケースがよく見られる。これが日本のイノベーションが

起きない根本的な問題だ」

「右肩上がりの成長をしている時代には、ある仕組みのなかで役割を果たすだけでよかったが、現在は、自社の商品・サービス自体の再定義が求められる時代になった。当社の場合、金融とは何か、投資信託とは何かを問う必要がある。こうした本質的な問いにおいては、自らの価値観や仕事に対する思慮が深くないと幅が広がっていかない」（鎌田氏）

　つまり、これまでは成り立っていたことが、今後は成り立たなくなる。今後は、商品・サービスの定義を変えることで事業範囲を広げていく時代である。こうしたアプローチを実現するには、さまざまな短期的な外圧に負けず、振り回されずに長期的視野で社会に変化を起こしていくということが問われる。経営層や経営幹部が自分事として事業のあり方そのものを変えていく必要があり、そのために、そもそも自分が本当に何をやりたいのかを深く考察する必要がある。

　鎌倉投信の基本的な考え方として、「経営トップが、自らが何を目指しているのかの理念を提示し、人の成長を促すことが経営としての最大の仕事である」ということがある。そして、理念の提示にあたっては、自社が何を目指していくかを経営トップ自らが刷り込まれるくらい経営理念として語る必要があるという。

▶想いと収益性をどのようにつなげるのか

　とはいえ、鎌倉投信も設立当初から事業がうまく回っていたわけではない。

設立前には、「背に腹は代えられない状況になったらやめよう
と約束」していたという。存在目的から外れた事業を展開するく
らいなら、やめた方がよいとも考えていた。独立系運用会社とし
て直販事業を開始したこともあり、当初の経営は非常に苦しかっ
た。3〜5年で黒字転換をしなければ事業を諦める覚悟をしてい
た。そのようななか、徐々に顧客からの評価が得られ数字に表れ
ないものの手ごたえを感じていた。数字の結果にすぐにはつなが
らないが、やり続けていれば事業として成立するのではないかと
の肌感覚も生まれていた。

　2011年に東日本大震災が起きた。翌営業日には多額の株の投げ
売りがあったと言われるが、鎌倉投信では、顧客からの解約がほ
とんどなく、暴落局面ではそれまでで最大の入金件数があり、買
いが圧倒的であった。「こういう時だからこそいい会社を応援し
たい」「直接支援できないが、いい会社に役立てられるのであれば
『結い2101』に投資したい」といった声が聞かれた。

　このような「祈り」とも思えるお金を受託した鎌倉投信は、こう
した想いを投資先の経営者へも伝えたという。投資先の経営者か
らも「大変だけれども頑張るから」といった声も聞かれ、これら一
連の出来事から力も得て、当初の設立の信念をより確かなもので
あると再認識し、自らの存在目的にも腹落ちができたという。会
社を設立して2年余り、投資信託を設定して1年後の出来事であっ
た。

―――――――――

「自身の中でも理想的な金融モデルと思いながら、早く経営を安
定させたいという考えも当然あった。早く成功させないと会社が
持たない、という焦りも存在しただろう。震災後からは極めて自
然体でよいと思えるようになった。何を成すかよりもいかに生き

るか、という向き合い方となった。方法論ではなく在り方に軸足を移した」（鎌田氏）

———————

　お金には想いを伝える力があるということだ。

▶鎌倉投信の想いが顧客の想いと一致する
——パーパスによるつながる価値

　鎌倉投信のケースは、パーパスのつながる価値が発揮されている好事例である。現在では、実際に「鎌倉投信の志」が顧客からも共感され、安定的なビジネスを生み出す源泉となっている。それでは、鎌倉投信の想いは、いつ、どのように顧客と共有できたのだろうか。

　まず、広告宣伝やマーケティング・ブランディングを一切行わないということは設立時から決めている。そして、「鎌倉投信の志」や投資哲学、運用方針をていねいに伝えることを、繰り返し実施した。来てくれた顧客にていねいに伝えるという対話の仕方を貫いている。また、リアルの場で伝えることが大切であると考え、顧客にお金の循環を肌で感じてもらうために投資先の経営者の講演会や本社への訪問会、現場訪問や受益者総会®を実施している。こうした場が顧客にとって手触り感を生む。

　特に受益者総会は重要な場であり、1000人規模で顧客と投資先が集まり、投資先の経営トップが講演をしたり、従業員が登壇したりする半日のイベントである。この受益者総会で投資先の経営トップに話してもらう際、

「この場では、通常のIRで説明するような数字の話は一切する必要はない。財務価値・株式価値は重要だが、社会における存在価値を伝えてもらいたい。（書かれた原稿ではなく）自分の想いでどのような社会を創っていきたいのか、を語ってほしい」（鎌田氏）

と伝えている。そうすると、不思議なことにそのような講演会を聞いた顧客に行動変容が起こる。会社の理念に触れると、自分でできることがあるのではないかと思ったりする。

　たとえば、環境負荷の少ない衣服を購入する。環境に配慮した食べ物を購入する。時に社会貢献を実施する。自らの在り方を模索して、転職するなどである。このとき、いい投資の究極の目的は、「出会いを創ること」「縁をつなぐこと」と再定義した。

「究極の出会いは自分の価値観との出会い。自身が気づかなかった自分を引き出していくこと。そのような力があると受益者総会で感じた。影響を与える存在になるということが鎌倉投信のやり方だと感じた。事業の本質を深める出来事だ」（鎌田氏）

　よいもの、よいこと、自分の人生が豊かになる以上の、ものすごく財産になる、それが本質的な価値（最も究極の出会いは、自分の価値観との出会い）なのである。

▶パーパスを基軸にすることによるメリット

鎌倉投信の従業員は、21名（2021年9月現在）である。改めての代替的な浸透活動を必要としないが、「鎌倉投信の志」をシンプルに事業に落とし込んでいくことが重要であると考え、たとえば、研修などはあまり実施していない。これは、志や理念を無理に押し付けないためでもある。

事業のなかに自然に「鎌倉投信の志」が組み込まれていれば、無理なく日常業務のなかで実践され、志や理念と現場とのずれが生じない。また、「鎌倉投信の志」は、もともと社会に公表しているものであり、人財採用においても、当然のことながら、そこにフィットする人財が応募してくる。実際に業務内容も志とフィットする形で構成されていれば、個人のパーパスと組織のパーパスの大きなずれは生じないといった具合である。

▶大企業では実現し得るのか

志を基軸にして完成された印象を持つ鎌倉投信であるが、はたしてこのようなパーパスを基軸とした経営は、上場している大企業でも実現し得るのだろうか。

――――――――――

「打ち出の小槌はないため、地道に風土を変えていく努力しかない。ここ数年、大企業もじわりと変わってきている。投資家の目線も変わっている。従業員もＺ世代が増えて労働人口の一部を占めるようになると、やりがいを意識しないといけない状況となる。そこに対する感度を高めていくということだろう。上場している

大企業のなかでも変わった企業が実際に出てきて、本気でやれば、できなくはないと感じている。やろうと決めて、組織の中で仲間を増やし、努力をしていくことが大切になる」

「利益を上げろ、配当を出せという株主ばかりではなくなっている。ある企業では、利益配分を変えたことでよい株主が増えた。株価を期待する人はうちの株を持たないでくださいと言い切って、そのようにあえて宣言することで企業価値が上がっているケースもある。目的に合ったメッセージを出し続けることが重要なのではないか」（鎌田氏）

───────────

▶パーパスがなぜ求められるのか

───────────

「時代背景が深く関与していると思っている。パーパスなくして利益が出ないということ。時代変化が速くなり、情報通信技術も進化している時代の構造変化の速さは想像を絶すると思っている。やり方ばかりを追いかけている会社は残れない。軸をしっかりと据えて、商品・サービスを生み出さないといけない。日本はモノ・サービスにあふれているため、自社の商品・サービスの価値の再定義を実施しないと、利用範囲が広がっていかない。そこにも目的に根差した商品づくりが重要になる」

「その延長には自社単体では価値を生み出せない時代となる。たとえば、産業廃棄物やペットボトルなどの資源循環などを行う静

脈産業は分かりやすいが、モノづくりの調達から回収を考えたときに、あえてライバルとも手を組んだ方が価値の創造につながることも少なくない。ライバル企業や下請け企業と一緒に協働することがいかにプラスの価値を生むかが大事になっている。利益を生み出す源泉の価値創造がパーパスに根差していないと持続性がない。仲間を増やして価値を共創する段階では、会社を超えた理念がないと難しい。共感力のあるメッセージを出し続けられるかが重要になる」（鎌田氏）

　鎌倉投信は、設立時に定義したパーパス（鎌倉投信の志）が経営・事業のあらゆる場面に一貫して反映され、組み込まれている。その完成度が非常に高い。志から外れるものは行わないという強い考えが基軸となっており、まさにパーパスが経営の判断軸、そして羅針盤として実際に機能しているケースである。

　また、経営の判断軸のみならず、従業員の日々の業務にもパーパスが根付き、顧客に提供する商品・事業そのものもパーパスを体現したものである。さらに、社会変革を意図して引き起こしていく。こうした経営を成り立たせるには、成果が生まれるまでの諦めない経営姿勢、その前提となる社会により善いものを循環させることの大切さ、またその循環を肌で感じることの必要性など高い視座が求められる。まさに、パーパス・カンパニーを感じさせるようなモデルケースである。

［インタビュー先］
鎌倉投信株式会社
代表取締役社長
鎌田恭幸氏

「モテるお酢屋。」を目指し、酢造りに取り組む

基礎情報：飯尾醸造は、京都の丹後半島の付け根、宮津にある「富士酢」で有名なお酢屋であり、創業は1893年（明治26年）。創業以来129年にわたり伝統的な製法にこだわり、お酢を造り続けている（現在の当主は5代目・飯尾彰浩氏）。正従業員は16名、パート従業員は11名、役員が4名（2022年1月時点）。販路は、東京が圧倒的に多く、海外では、サンフランシスコ・ニューヨーク・シンガポール・パリなどの高級レストランへも販売する。

▶飯尾醸造の企業理念

　飯尾醸造は企業理念に「モテるお酢屋。」というフレーズを掲げる。また、企業理念の一部には次のような記述がある。

> 「"食"は人が生きていく上で、一番大切なこと。 だから『おいしくて、しかも安全な最高のお酢』を造りたい。それが私どもの基本方針です。こうした考えから、お酢の原料となる無農薬のお米作りからたずさわっています。そのお米を使って、自社の酒蔵で杜氏が"酢もともろみ"（酒）を仕込み、その酢もともろみ（酒）からお酢を造ります。 創業からほとんど変わらない製法です」

出所）飯尾醸造ホームページより部分抜粋

　伝統的な製法を受け継ぎ、原材料は、「米酢」と表示できる量の5倍以上のお米を使用し、製造期間は一般の50倍かけて酢造りを

図表7－4　飯尾醸造・富士酢

純米富士酢

する。米作りから取り組み、地元の無農薬の原料で製造する。

　理念に近い考えとしては、このほか、創業の地元への強い思い
を持つ。

　「小さなエリアの中で我々に関係する人々が幸せになれるような
ひとつのモデルを作りたい。飯尾醸造のお客様は、10万人ほどの
お客様。そのお客様から好かれたい。我々が存在することで、我々
の契約農家の方が一般の農家より良い生活ができたり、地元が豊
かになったり、というのを実現したい」（飯尾氏）

　飯尾醸造は、「モテるお酢屋。」や、「おいしくて、しかも安全な
最高のお酢」を造る、そして「創業の地域への思い」など、自らの
社会的存在意義をもって酢造りに取り組む。こうした経営姿勢は
製造のほか、販売や商品、体験会などのさまざまな場面へ反映さ
れており、結果、多くのステークホルダーが飯尾醸造のことを本

質的な意味で理解するのを助けている。

"モテるお酢屋。"については、あらゆるステークホルダーからモテるように努力し行動するという前提のもと、優先順位も設け、最も重要なステークホルダーに「ユーザーと従業員」、次に「農家と地元」、最後に「生産者仲間や取引先」を位置づけているという。

▶創業の地域への思い

　飯尾醸造の販路は全国で、海外も対象となる。一方、京都・宮津という創業の地域に対しては特別な思いがあり、恩返しの念を強く持つ。この背景に、飯尾醸造では、3代目の時に無農薬栽培に舵を切ったが、それにあたり当時の契約農家に無農薬栽培をしてもらう必要があったことがあるという。そうした契約農家がなければ、現在の飯尾醸造は存在しなかったという思いから、その恩返しとして、契約農家からは米をより高い値段で買い取り続けている。現在でも農協の約3倍の価格で買い取っているという。

　他にも、特殊な田植え機を飯尾醸造が購入し、農家に無償で提供するという取り組みも継続している。また、飯尾醸造も自ら20年前より米作りを手掛けているが、これも地元の棚田の景色を残したいという思いからだという。

　このように、飯尾醸造では、「主要な販路とは異なる創業の地域への思いを強く持つこと」や、「お客様へは『おいしくて、しかも安全な最高のお酢を造る』こと」を社会的な存在意義と捉え、事業を展開している。これらが飯尾醸造におけるパーパスに該当するものであると考えられる。

▶販売方法はプル型

　現在、飯尾醸造は国内のみならず海外へも市場を拡大させているが、販売方法は基本的にプル型である。営業専任の従業員は一人もおらず、5代目も取引先に自ら顔を出す機会はほぼない。海外では、ミシュランの星を取っているような高級店やトップレストランが顧客となっているが、顧客側から見学や取引の希望があり、取引が始まることがほとんどであるという。飯尾醸造では、販売方法についても企業理念を踏まえ、量を追うような方法を取らず、結果、大量生産を行うこともない。パーパスが、生産から販売まで貫かれている点が興味深い。

　また、飯尾醸造の良さを知ってもらうよう体験の場を多く用意している。たとえば、酢飯の知見をプロに伝える「世界シャリサミット」を年1回、地元で開催する。ミシュランで星を獲得している職人など、海外も含めて寿司職人が50人ほど集まる。この場では、飯尾醸造のお酢の美味しさを実感いただくことで、飯尾醸造の良さを伝える機会にもなっている。

　飯尾醸造は、決して大きな企業ではないが、逆に「小さくても、強い」を大切にし、「モテる」ためには商品・体験・ビジョンが必要と考え、お酢をコアにさまざまな体験の場を用意する。「商品」では、新しいサブカテゴリーをつくることを意識し、ピクルス専用のお酢を開発した。コンセプトである食料廃棄を減らすという社会性が評価され、メディアに紹介され、大手メーカーが類似品を出して市場全体が拡大する。その結果、飯尾醸造のシェア自体は小さくなるが、先駆者利益を得ることができるという具合である。

　また、「体験」でいうと、田植えや稲刈りの体験会など、お酢の製造の過程にさまざまな付加価値を感じてもらえるような機会を

用意し、飯尾醸造の思いを伝えている。こうした取り組みについて5代目当主は次のように述べている。

———————

「自分たちが儲かればいいということではなく、農家や棚田・里山の景観保全に対しては父も思いがあるので、私も意識して継承している。唯一、私が新たに実施したことは、祖父や父が取り組んできたことに、面白さ・楽しさを加えることである。換言すると、製造業にサービス業の視点を持ち込んだこと。世界シャリサミットや田植え体験会等がその一例である。愚直にモノづくりをしていくだけだと広まりにくい」(飯尾氏)

———————

　では、飯尾醸造の従業員は、「モテるお酢屋。」という企業理念をどう感じているのだろうか。たとえば、田植え体験会やシャリサミットなどのイベントでは従業員が皆頑張ってくれるという。普段は寡黙な仕事であるが、こういった体験会は普段の仕事をさまざまなステークホルダーに見てもらえる発表会のようなものであり、従業員が顧客と直接接点を持つことができる。
　こうした体験会にはリピーターが多く、担当者と年賀状を交換したり、出産祝いを送ったりといった関係性が顧客と従業員の間で築かれているという。従業員にとっても顧客の反応を直に感じることができる場にもなっている。

▶丹後を日本のサン・セバスチャンに

　丹後は観光客が多いが、宿泊者が少なく客単価が低いという地域事情を抱える。飯尾醸造は、地域への思いもあり、こうした地

域事情に対し、旅の目的となるようなレストランができれば波及効果があるのではないかと考え、古民家を購入し、レストランをオープンするなどしている。

　そして将来的には、丹後をスペインのサン・セバスチャン（美食の街）のようにしたいと考えている。サン・セバスチャンは、気候風土が丹後と非常に似ている。冬場は天候に恵まれないが、山と海があり食材が豊富、夏場はビーチリゾートとなる。地元の空き家の活用し、地域外からも訪問してもらうため"丹後を日本のサン・セバスチャンに"というキャッチコピーを掲げている。結果、メディアに取り上げられて丹後特集が組まれ、地元の活性化に少しは貢献できているという。

　飯尾醸造では、イタリア語でお酢（aceto）を意味する「アチェート」というイタリア料理店を経営しており、これは地元の古民家再生となっている。加えて、田植え・稲刈り体験会の参加者がここで飯尾醸造の商品を使った料理を味わうこともでき、結果的に飯尾醸造のショールームにもなった。逆に、「アチェート」があることによって、顧客が田んぼや蔵を見に来てくれるようにもなった。

図表7-5　再生した古民家にオープンさせたイタリア料理店「アチェート」

出所）飯尾醸造提供

このように、飯尾醸造は、小さいながらも顧客は日本全国や海外など幅広く、それでありながらプル型の販売に特化し、むしろ主要な販路とは異なる創業の地域への思いを強く持つ。そして、地域や業界、お酢自体の普及に信念を持って力を入れて取り組む。この背景には、お客様へは「おいしくて、しかも安全な最高のお酢」を造ること、そして「創業の地域への恩返しの思い」「モテるお酢屋。」に表現されるような社会的な存在意義（＝パーパス）を基軸に、強い信念を持って、製造から販売までパーパスを貫いていることが印象的なケースである。

［インタビュー先］
株式会社飯尾醸造
5代目当主
飯尾彰浩氏

エネルギーフリー社会の実現を目指す

基礎情報:Looopは、2011年設立で、電力小売り、太陽光発電所システムの開発・販売、再生可能エネルギー発電所の設置・管理などを手掛ける。2011年3月に、創業者の中村創一郎氏が、東日本大震災で甚大な被害を受けた石巻市・気仙沼市へ赴き、複数の施設へ独立型ソーラー発電セットの無償設置を実施したことがきっかけとなり設立。以後、売上高を継続的に伸ばし、連結売上高は、約567億円（2020年度）、2021年11月には、Looopでんき（低圧）契約者数が35万件を超えるなど事業を拡大させている。

▶Looopのパーパスとは

Looopは、以下をビジョンに掲げている。

> ### Looopが描くVision
> ### 「エネルギーフリー社会の実現」

　さらに、「エネルギーフリー社会は、人間の持つ能力を自由に発揮し、世界中のさまざまな地域で、自由で豊かな新しい未来を創造していく。人類の未来を全方向へ無限に広げることを支えることが理念だ」と創業者の中村創一郎氏は語る。

　これがLooopのいわゆるパーパスであると捉えられる。

　Looopがビジョンで描く「エネルギーフリー社会の実現」とはどのようなことなのだろうか。Looopが描く「エネルギーフリー社会の実現」のエネルギーとは、「電気」のほかに、「再生可能エネルギー」そして、「人間の持つエネルギー」という意味を持つ。「電気」

を自由に使える生活、「再生可能エネルギー」を誰もが無料で使える社会、これらの社会が実現できれば、「人間の持つ能力」を自由に発揮できる社会となる。これらは、Looopが目指す究極の社会の姿であり、これを「エネルギーフリー社会の実現」と表現している。

_____

「これまで、地球上に存在するさまざまなエネルギーは偏在し、奪い合いで戦争が起こることもある。一方、太陽光は、地球にも月にも火星にも存在し、偏在していないエネルギー。こうした再生可能エネルギーを積極的に活用すれば、エネルギーが偏在しない社会を創り出せるのではないだろうか。どこにでも存在するエネルギーを利用することで、限りなくコストを下げて、結果エネルギーフリー社会を実現することができるのではないか」（中村氏）

_____

　では実際に、Looopがビジョンに描く「エネルギーフリー社会」は、実現可能なのだろうか。創業者の中村氏によると、「それは分からない」という。しかし、Looopは、その実現を信じ、エネルギーフリー社会の実現に向けて、社会のあり方自体を変革していくことを目指し、事業を展開している。

　Looopでは、エネルギーフリー社会が実現するということは、すなわち、「人間が持っている知恵、情熱、フィロソフィを、全方向に無限に展開させていくこと」ができる社会であり、人間が持っている能力を解き放つために、まずは「電気がフリーなインフラを創り上げる」ことを目指している。

図表7－6　Looopの描くVision

エネルギーフリー社会の実現

Looop が考える「エネルギー」は電気のことだけではありません。
一つは再生可能エネルギー。もう一つは、人間の持つエネルギーです。

想像してみてください。例えば、エネルギー（電気）が自由に使える生活を。
家の中は 24 時間 365 日、いつだって快適な温度で心地良い暮らしを手にいれることができます。
さらに、移動も、エネルギーフリーの社会なら大幅にコストダウン。
地方や高齢者に向けてもっとサービスを拡大させていくことも可能です。
つまり、エネルギーを心配することがなくなれば、
地域や年齢などの社会的な課題を解決することもできるはずです。
エネルギーが自由（フリー）になったら、人と人とのつながりはもっと自由（フリー）になり、
国境をも超えて今までできなかったことができるようになるでしょう。

さらに、エネルギーを生み出すことは、新しい価値を生み出すことにつながります。
再生可能エネルギーを誰もが無料で利用することができる社会は、
安定した電力の供給をはじめ、自由（フリー）な生き方や日々の暮らしを誰もが享受できるよう、
これまでにないサービス、これまでにない価値に出会うことになります。
例えるなら、スマートフォンの普及で劇的な変化を遂げた現代のように。
エネルギーフリー社会は、人間の持つ能力を自由に発揮し、
これまでにない発想で私たちが想像もできなかった新しいビジネスを生み出すことでしょう。
世界中のさまざまな地域で、自由で豊かな新しい未来を創造していくのです。

Looop はエネルギーフリー社会の実現を通じ、
新しい世界を創るリーディングカンパニーとして走り続けます。

出所）Looop　ウェブサイト

▶エネルギーフリー社会の実現を目指す理由

　Looopは、なぜ、エネルギーフリー社会の実現を目指しているのだろうか。それは、どのように実現するのだろうか。その答え

は、Looopの創業経緯にまでさかのぼる。

─────────────

「創業に至った背景には、学生のときに米国の宇宙物理学者フリーマン・ダイソンの『宇宙をかき乱すべきか』という本を読み、ダイソン球の概念を知ったことがある。ダイソン球は恒星を覆う人工構造物で恒星が持つエネルギーを効率的に使うことができる。ダイソンは、これにより人類の可能性を全方向へ無限に広げるという考え方を持ち、この考え方に共鳴し、人類の役に立ちたい、という考えに至った」（中村氏）

─────────────

　Looopでは、被災地への独立型ソーラー発電セットの無償設置という創業の経緯が「エネルギーフリー社会の実現」というパーパスそのものであり、そのパーパスを基軸に社会変革を目指して事業を展開する。パーパスが創業の経緯であり、かつ、社会と共有し合える事業目的ともなっている点が興味深い。
　一方、パーパス起点で事業を展開する場合、企業観点からは、はたして企業が展開する事業として成立するのか、という疑問が付きまとう。実際に社内からも、エネルギーフリーにしてどうやって稼ぐのかと問われることもあるという。しかし、Looopでは、まずはパーパスの実現に重きをおき、マネタイズは後からついてくるものという考え方を取る。

─────────────

「稼ぎ方については、エネルギーフリーにすることで実現できる事業を考えたが、後でついてくるもの。私たちがエネルギーフリー社会を実現すれば、さまざまな人が新しい事業を始めるだろう。

そこに将来的に何かチャンスがあるかもしれない。まずは、ビジョンに描くエネルギーフリー社会の実現を目指すことを考えたい」

「事業を成功させ、多額の税金を支払うことも社会的意義はあるとは思うが、エネルギーフリーにすることの方が、社会にとって意義が大きく、人類に貢献できるのではないか。そのためにも、Social Good（＝社会に対して良いインパクトを与えること）は持っておこう、通貨を通してではなく自社の提供する価値を通して社会を良くしようと考えている」（中村氏）

———————

　Looopでは、パーパスの実現を優先し、マネタイズは後からついてくるものであると考えている。しかし、Looopでは、設立以

図表7－7　Looopの売上高推移

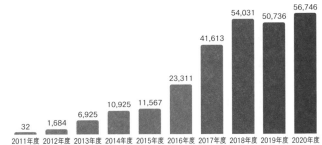

再生可能エネルギーを活用し再エネ最大普及に努めます。
売上推移は信頼の証です。

私たちは設立以来、売上高を拡大しています。大きな可能性を持つ太陽光発電にいち早く注目し、
マーケット拡大とともに独創的な事業を展開。実践力がLooop成長の原動力です。

	2011年度	2012年度	2013年度	2014年度	2015年度	2016年度	2017年度	2018年度	2019年度	2020年度
	32	1,684	6,925	10,925	11,567	23,311	41,613	54,031	50,736	56,746

（単位：百万円）

出所）Looop ウェブサイト

来、売上高を拡大し続け、この売上推移を信頼の証しとしている。

▶パーパスに対するステークホルダーの理解

　このようにマネタイズよりもパーパスの実現に重きをおくような企業でも、投資家や従業員の理解が得られるのであろうか。Looopでは、投資家から求められる短期的な売上・利益の創出と、長期的視野でのパーパスの実現が相反する場面が見られるという。また、経営層はパーパスに共感を持ち実現を目指すが、従業員からはエネルギーフリー社会を実現してどうやって企業として稼ぐのかと問われることもあるという。こうした場面について、中村氏は以下のように考えている。

――――――――――

「エネルギーフリー社会が現実的なものであり夢物語ではないということを内外に示していく必要がある。しかも、ある程度のスピード感も欠かせない。若い従業員には、パーパスに共感している人が多い。まさに彼らが一人前となる2030年頃に具体化するようなスピード感を持って、事業を進めていきたい」

「エネルギーフリー社会を掲げたことで、優秀な人材は集まるかもしれない。パーパスは、人材採用時のリトマス試験紙としても機能する。目指す方向が同じ人を集めることはできる。好奇心やチャレンジ精神が旺盛な人を集めやすいビジョンであり、求心力につながるという意義があるのではないか」（中村氏）

――――――――――

　若手の社員が責任者となりチャレンジした事業に「未来発電」

という事業がある。「未来発電」とは、個人宅向けに初期費用0円で太陽光発電装置を設置するビジネスモデルであり、顧客は、電気代は支払うが、より安くなり、かつ10年後には自分の設備となるため、エネルギーフリー社会実現への第一歩のモデルであるとも捉えられる。

　この事業は、実は、新卒3年目の若手従業員が責任者となりチャレンジした事業である。エネルギーフリー社会の実現というパーパスに基づき、従業員がチャレンジした事業の成功例である。

▶事業判断におけるパーパスの活用

　事業判断においては、どのようにパーパスを活かしているのだろうか。Looopでは、たとえば、ある事業を展開する際に、「その事業は、エネルギーフリー社会の実現に向けて、本当に必要なのか」という議論が行われるという。また、エネルギーフリー社会の実現に向けた基本戦略として、①再生可能エネルギーを増やす、②顧客を増やす、③DXを推進する、の3つを掲げている。これらはパーパスを実現するアプローチを戦略レベルに落とし込んだものである。それでは、パーパスの実現を目指し続ける難しさはあるのだろうか。

―――――――――

「パーパスを実現するためには、自分が会社を去った後でも、その意志が根付いている状態にしなくてはならない。つまり、存在意義を全社的に浸透させ、社会的にも認められる価値にすることを急がなくてはならない。形だけのビジョンを掲げている会社も多いが、そうならないようにする必要がある。社会に貢献しつつ、企業も稼げるというWin-Winの状態を創り出していく」（中村氏）

―――――――――

Looopが目指す「エネルギーフリー社会の実現」のためには、企業としては、将来に向けて、自らの稼ぎ方を考え、ビジネスモデルを変革させていく必要がある。しかしながら、中村氏は、「エネルギーフリー社会における稼ぎ方を先に考えてしまうと、パーパスは実現できない」と言う。つまり、将来の稼ぎ方以前に、「エネルギーフリー社会を実現する」という強い社会変革への意志のもとで目の前のビジネスを拡大する。Looopのケースは、長期的な視野で、社会全体を変革しようとする意図を強く持つケースである。

［ インタビュー先 ］
株式会社Looop
代表取締役社長
中村創一郎氏

非営利組織におけるパーパスとは

基礎情報：一般社団法人エシカル協会は、日本で最初の"エシカル"団体である。2010年より代表の末吉里花氏が中心となりフェアトレード・コンシェルジュ講座（現エシカル・コンシェルジュ講座）を開始した。そして、末吉氏が、このフェアトレード・コンシェルジュ第一期生の仲間2人と一緒に、一般社団法人エシカル協会を2015年に法人として設立した。設立当時、エシカルと名のつく団体はほかになく、日本におけるエシカルのパイオニア的存在としても知られる。

▶エシカル協会の活動概要

　非営利組織でもあるエシカル協会の使命は「エシカルな暮らし方を幸せのものさしに」であり、これがいわゆるパーパスに該当

図表7－8　エシカル協会の使命

エシカルな暮らし方を
幸せのものさしに

エシカル協会では、エシカルの本質について自ら考え、行動し、変化を起こす人々を育み、そうした人々と共に、エシカルな暮らし方が幸せのものさしとなっている持続可能な世界の実現を目指します。

出所）エシカル協会　ウェブサイト

するものと考えられる。

　この使命には「エシカルを広く世の中の人々に知ってもらい、行動を起こす人々を育みたい。そして持続可能な世界を実現したい」という思いが込められている。そして、使命の実現に向けた取り組みとして、①消費者へのエシカルの普及（講座）、②教育機関・企業・自治体への講演、③行政との取り組み、の3つを柱として掲げ活動している。

　エシカル協会のような非営利組織の場合、組織の使命自体がパーパス（社会的な存在意義）であり、非営利組織の本業そのものがパーパスの実現につながる。エシカル協会が一般社団法人という形態をとったのも、非営利の活動としてエシカルの考え方（公共的な概念として）を普及させることを目指していたからであったという。

　たとえば、消費者へのエシカルの普及に向けた活動では、「エシカル・コンシェルジュ講座」を開催している。この講座では、受講生に対して気候変動やアニマルウェルフェア、フェアトレードなど、エシカルにかかるさまざまな分野について学ぶ機会を提供している。その学びを通じて受講生がエシカルの本質を考え、エシカルな暮らしの実践者となっていき、受講後の暮らしのなかで他の人たちにもエシカルを普及していくことを目指している。講座を修了した受講生は、エシカル・コンシェルジュとなる。

　講座の中では、消費者としてエシカルなものを選択することや、ものを買わないこと自体も選択肢のひとつであること、たとえば、洋服を買い替えずにリペアすることや素材から選ぶことなど自分の選択が社会に与える影響についても理解する。さらには、自分の生活のなかでエシカルな暮らしを実践するための仲間づくりやコミュニティを創っていく取り組みも促していきたいと考えている。

こうした個人への講座に加えて、エシカル協会では、エシカルな社会の実現には、企業の取り組みが不可欠と考え、企業への働きかけも行っている。近年、企業がサステナビリティ経営を重視するなか、企業に対する講演活動に加え、エシカルに関する企業とのコラボレーションを促進する枠組みとして、法人会員制度を持つ。2021年時点で、法人会員は大手消費財メーカーを含めて30社以上であり、年4回の法人ミーティングやエシカル・コンシェルジュとのコミュニケーション、ワークショップの開催などを行い、企業のエシカルに向けた取り組みを促している。

　このようにエシカル協会では、エシカルをキーワードに、消費者を対象としたエシカル・コンシェルジュ講座を通じて、組織（エシカル協会）と個人（コンシェルジュ）の思いを共有する。そして、企業を対象とした法人会員制度では、企業と企業、企業と個人をネットワーキングし、エシカルへの思いを共有し合う。こうしたパーパスを基軸とした双方向の思いの共有から、エシカル協会が掲げる「エシカルな暮らし方を幸せのものさしに」という使命の実現に向けたさまざまな取り組みを行っているのだ。

［ インタビュー先 ］
一般社団法人エシカル協会
理事
大久保明日奈氏

第 8 章

実践に向けた
アプローチ

〈ケースでわかる〉
実践
パーパス経営

PURPOSE
Management Handbook

これまで、パーパスの概念やパーパスが求められる背景、そしてパーパス経営の先進ケースなどについて紹介してきた。これらを踏まえ、第8章では、実際に、企業や組織でパーパスを再発掘・定義し、企業経営に活かしていくための実践アプローチについて解説する。

　パーパス経営の実践においては、パーパスの言語化を急ぐことは、できるだけ避けた方がよい。言語化を急ぐと、すぐに形は整うのかもしれないが、真の意味でのパーパス経営のメリットを享受することができないためである。

　筆者らが目指したいことは、パーパスがさまざまな組織や個人に真の意味で息づくことである。そうすれば、パーパスが起点となって組織内外に共感・共鳴が生み出され、人や組織がより生き生きとする。こうした姿を実現するためには、パーパス経営の実践アプローチを入念に設計する必要がある。

　ここでは、パーパス経営を効果的に実現するためのアプローチを紹介する。その前提として、まずパーパス経営を成功させる上で欠かせない4つの要件について述べる。

成功のための4つの要件

▶①経営トップの関与

　第1の要件は、経営トップによるパーパス経営に対する熱意ある関与が期待される。経営トップ自らが、自分事として組織のパーパスに共感・共鳴できなければ、そのパーパスが、組織内はも

ちろん、社外のステークホルダーに共感・共鳴をもたらすことはない。その結果、パーパスによる経営メリットを享受することは難しくなる。

効果的なパーパス経営を実現するためには、経営トップが、自社のパーパスについて深く考え抜く必要がある。たとえば、自社の製品やサービスの社会への提供価値や創りたい社会像を改めて見つめ直してみるのも一案である。社会への提供価値に対価が支払われているからこそ、その企業が今存在するに至っているとも考えられる。

自社の提供価値に責任を持つ経営トップが、自ら自分事としてパーパスを言語化するならば、組織へはもちろん、社会に対しても与えるインパクトは大きい。そして、経営トップをはじめとする経営陣は、言語化されたパーパスを社員に単に伝えるだけではなく、パーパスを自ら体現し続けることで、組織内全体へ伝播させていく伝道師となることが期待される。この経営トップの関与が第1の要件である。

▶②個人のパーパスと組織のパーパスの重なり合いを重視する

第2の要件は、個人のパーパスと組織のパーパスの重なり合いを重視することである。会社組織として、パーパスを再定義する際には、まず個人が何の制約も受けずに自分自身のパーパスを自由に考えて言語化することが重要である。

社員が一個人としてこれまでの人生を振り返った時、そこには必ずその人ならではのパーパス（社会的な存在意義）を見出すことができる。企業を構成しているのはそこで働く社員個人であり、個人のパーパスと組織のパーパスが重なり合う部分があるからこ

そ、社員のパフォーマンスが上がり、その結果として企業の成長につながっていく。

　普段は財務数値中心のマネジメントが行われている場合でも、個々人の内部にあるより本質的な領域に問いかけることにより、内面に隠れている、それぞれの個人の社会的な意義（＝パーパス）を呼び起こすことができる。これらを言葉やストーリーとして昇華させ組織で共有し合うことで、最終的に会社組織として掲げたひとつのパーパスを組織全体で再認識できることになる。

▶③経営・事業の枠組みへの落とし込み

　第3の要件は、経営・事業の枠組みへの落とし込みである。パーパスは、作って終わりではなく、経営・事業の枠組みへとしっかりと落とし込まれ、日常の業務マネジメントにおいても身近に感じられなければ意味がない。多くの企業において、言葉を完成させることに注力し、満足してしまうことがよく起こる。

　しかしながら、これでは、明らかに手段が目的化してしまっている。パーパスを経営・事業の枠組みに落とし込むことができて、初めてパーパス経営の成果が表れる。パーパスが言語化された次のステップとして、経営計画の策定プロセスや日々の業務マネジメントの枠組みを変えていくことが必要である。その際、事業上の数値目標を立てる前にパーパスに基づいた中長期的な目指す姿や目標を定めるとよい。

▶④腹落ち・実践のための仕掛け

　最後の要件が、腹落ち・実践のための仕掛けである。パーパスを再定義したところで、財務中心のマネジメントに慣れた社員が、

普段の業務の中で、それを常に意識することは難しい。しかしながら、トップを含めた経営陣やコアとなるチームが作ったパーパスを、一方的に社員に発信するやり方では、理解・共感は起き得ない。それは、業績数値中心のマネジメントに慣れた社員が、普段の業務の中でパーパスを常に意識することは難しいからである。きちんと再定義されたパーパスが、その価値を発揮するためには、役員・社員一人ひとりが自分事でパーパスについて考える機会・時間が継続的に確保されることが大切である。

　また、パーパスを再定義したメンバーと聞かされるメンバーとの間には意識や情報ギャップが大きいため、再定義したメンバーとその他の社員が対話を重ねながら、パーパスを定義するプロセスで話された内容や背景について互いに理解することが望ましい。

図表8−1　パーパス経営の実践に向けたステップ

ステップ3
パーパスの経営への落とし込み

3-1　パーパスの組織全体への波及
3-2　経営上の意思決定プロセスへの組み込み
3-3　社会のステークホルダーとの対話と関係醸成

ステップ2
パーパスの再定義

2-1　パーパスの発掘
2-2　個人のパーパスの定義
2-3　パーパスの言語化

ステップ1
活動のグランドデザイン

1-1　課題の整理、およびパーパスの影響範囲の確認
1-2　波及させたい影響・効果・変化の可視化
1-3　活動の核となるコアチームの設計

出所）野村総合研究所

以上の4つがパーパス経営を成功させる上で欠かせない要件である。

次に、こうした要件を踏まえつつ、実際にパーパスをどのように再定義し、パーパス経営の効果的な実践につなげていけばよいかについて考えたい。

ステップ1「活動のグランドデザイン」

最初のステップは、「活動のグランドデザイン」である。企業でパーパスを再定義しようとする際に陥りがちなケースとして、真っ先にパーパスの「言葉の検討」に着手してしまうことがある。パーパスは、その「言葉」自体にどうしても目が行きやすい。しかし、本来は、言葉の検討に着手する前に、まず「活動のグランドデザイン」を行うことが欠かせない。このプロセスがないと、パーパスが効果的に再定義されないばかりか、その後のパーパスの浸透にまで深刻な影響を及ぼす可能性がある。

実際に、企業がパーパスの再定義をしようとする際に「ありがちな失敗パターン」は次のようなものである。

▶ありがちな失敗①：手段が目的化してしまう

まず、企業からパーパスの相談を受けると、公表タイミングをあらかじめ定めたうえで、「このタイミングでパーパスを社外に向けて発信したい。社員にもパーパスを共有し早く浸透させた

い」というような拙速な依頼がよくある。

　このような場合、まず、パーパス再定義のプロセスをしっかりと組み立てることを勧めている。なぜなら、こうしたケースでは、「いかに格好良い"ワーディング"や"表現"にするか」というパーパスの"言葉の検討"に重きがおかれてしまい、完成後も、一方通行で発信するだけにとどまることや、パーパスを記載したカードを配布して終わり、というように、パーパスが真の意味で組織や個人に息づかない可能性が高いためである。

▶ありがちな失敗②：共感が得られない

　これもよくあるケースであるが、「経営者が中心となって定義したパーパスを社員に対して発信した結果、芳しい反応が得られず、ほぼ無反応であった」「現場の社員からしてみたら、パーパスはあくまでパーパスとして掲げられているのみで、日々の業務はまったく別物である」というものだ。

　この場合、今まであった「企業理念」や「ミッション、ビジョン、バリュー」と比べて何が違うのかもよく分からず、社員からは「また、新しい標語が増えた」程度に思われてしまい、日常業務の中では意識されることが少ない。こうした場合もパーパスが真の意味で組織や個人に息づくことはない。

　このような失敗に陥らないためには、まず「活動のグランドデザイン」に着手することが必要である。活動のグランドデザインは具体的には次のステップで検討する。

ステップ1-1：課題の整理、および、パーパスの影響範囲の確認

はじめに、会社や組織の課題を整理し、パーパスの影響が及ぶ範囲を確認する。

前述の「ありがちな失敗」を避けるためには、拙速に「パーパス策定プロジェクト」を立ち上げることはしない。まずは、経営者、または活動の中心となる経営メンバーで、会社や組織における現状認識や課題を整理するところから始めるとよい。この整理で有効なのが『7つの習慣』（スティーブン・R・コヴィー著）でも提唱されている時間管理のマトリックスによる「緊急度」と「重要度」の整理である。

はじめに現状認識や課題の整理から着手する理由は、企業経営や事業マネジメントにおいて、「パーパス」という概念的なものが、「その会社や組織において、どれくらいの『緊急度』と『重要度』を持つものなのか」「その他の経営課題・テーマとどのように関連し、その影響範囲はどの程度なのか」について、経営者やステークホルダー間で共通認識を持つためである。

この共通認識ができると、パーパスが完成した後に、「パーパスをどの経営課題・テーマと関連づけて経営に活かしていくべきか」や「パーパスを基軸としてどの課題にどの程度対処すべきか」というような検討を進めやすくなる。逆に、共通認識がきちんと持てていない場合には、「パーパス」がきれいに飾られているだけで「絵に描いた餅」になりやすい。つまり、「言葉が完成して、発信したら終わり」となってしまう。

図表8−2 「緊急度」と「重要度」のマトリックスによる課題と影響範囲の整理イメージ

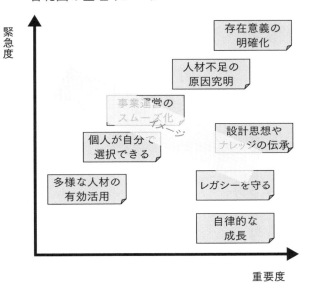

出所）野村総合研究所

　なお、ここで作成した「緊急度と重要度のマトリックス」は、後々、この作成に関与していないメンバーに対して、パーパスをどれくらいの「緊急度」と「重要度」で位置づけているのかを説明するのにも役立つ。

ステップ1-2：波及させたい影響・効果・変化の可視化

　パーパスの影響範囲の確認ができたところで、次は、パーパスを再定義することによって、組織に波及させたい影響、効果、変化を可視化する。

　この可視化によって、パーパスを再定義する活動が一時的なイベントに終わるのではなく、今後、数年にわたりその影響を持続させることにつながる。その結果、組織にパーパスが真の意味で定着し、そして、パーパスを起点とした企業文化が育まれ、長い間継承されていくことになる。

　この可視化のプロセスを経ると、パーパス活動において最も大

図表8－3　グランドデザインの方法「未来年表」

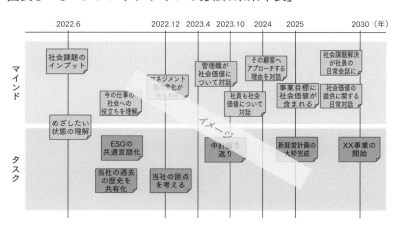

出所）野村総合研究所

232

切となる活動のグランドデザインができる。このグランドデザインは、「いつの時点で、どのような状況・状態を作り出したいのか」を描いたものであり、その方法として、「未来年表」を活用する。

未来年表の作り方

＜実施手順＞
・横軸に時間軸（年）をおく。最終ゴールは最低でも10年先以上を推奨する。直近（左端）に近づくほど、時間軸の目盛りの間隔を短くしておく。
・縦軸はタスクゴールとマインドゴールの2つに分ける。タスクゴールが「何をつくって、何を決めるか」ということに対して、マインドゴールは「社員の気持ち、意識、組織風土、コミュニケーションスタイル、マネジメントスタイルがどのような状態になっているとよいのか」を意味する。
・付箋などを使い、実現したい状態を文字にして貼り出す。

＜注意点・ポイント＞
・書かれているものを見てワクワクするかどうか。ワクワクするとは、「自分たちが未来に実現したいと心の底から思えるか」である。
・まず、将来（右端）の時間軸で実現したい状態を言語化する。その後、直近（左端）の時間軸の状態を描く。
・未来予測ではなく、あくまで未来を創造すること、自分たちの願望に基づくことが大切である。
・ある状態を実現するためには、それより前の段階で、どんな状態が達成されている必要があるのかなど前後関係を考

えてブラッシュアップする。

・あくまで「●●が○○（な状態）になっている」というような表現で書く。定量的な数字では状態がイメージしにくいためである。

このように、未来年表では、組織（チーム）や人が「いつの時点で、どのような状況・状態を作り出したいのか」を可視化する。

なお、未来年表は誰とどのようにつくるのが望ましいのだろうか。理想的には、経営トップとプロジェクトオーナーがそれぞれ未来年表を作ることである。そこから活動チームのメンバーや体制が明らかになることが多いためである。ほかにも、経営トップ以外に選ばれたメンバーで未来年表を作るというケースもある。

選ばれたメンバーで可視化する場合には、メンバーがお互いに理解・納得し、共感が生まれるまで、対話を重ねることもある。未来年表を用いて、活動のグランドデザインを描き、それらがコアチームで理解・納得・共感されていることが、次のステップに進むための条件となる。

ステップ1-3：
活動の核となるコアチームの設計

次にパーパスを再定義・浸透させていくためのコアとなる活動チーム（コアチーム）を設計する。加えて、経営トップや経営幹部（組織長など）の関与の方法についても確認する。活動チームの良

図表8−4　活動の核となるコアチームの組成パターン（例）

	パターンA 経営トップ 主導型	パターンB 経営トップ 指示型	パターンC 経営トップ 見守り型
活動開始の指示	経営トップ	経営トップ	役員・ 部門メンバー
活動開始の動機	経営トップの 内発的動機に 基づく	経営トップの 外発的動機に基づく	
検討の主体	経営トップ ＋役員・部門メンバー	役員・部門メンバー	
意思決定 （評価・判断・指示）	経営トップ		

注：経営トップの関与にフォーカスした場合のパターンを整理
注：企業単位ではなく、組織単位でパーパスを定義する場合は、経営トップを組織トップとする
出所）野村総合研究所

し悪しは、パーパスに関わる一連の活動の成果を大きく左右するため、入念に検討する必要がある。コアチームの組み立て方には、一律の正解はない。そのため、検討の背景や目的、企業の風土やチームメンバーの人柄など、多面的な要素を考慮し、最適な活動チームを設計することが重要である。

　ここでは、パーパス活動の核となるコアチームの組み立てパターンをいくつか紹介する。なお、企業単位ではなく組織単位でパーパスを検討する場合には、以下の経営トップは組織トップのことと捉えてもらいたい。

▶パターンA：経営トップ主導型

　最初は、経営トップ自らがパーパス活動を主導し、積極的に関与するパターンである。活動開始のきっかけは、経営トップの内発的動機（＝内面から湧き起こった興味や意欲による動機）に基

づくものが圧倒的に多く、コアチームには、経営トップ自らが深く関与し、すべての対話や活動に参画していく。

▶パターンB：経営トップ指示型

経営トップ（組織長）がパーパス活動の立ち上げ指示をし、その他役員や経営企画部、人事部、広報部、などが実際にパーパスを検討し言語化する。経営トップは、定期的に状況報告を聞き、良し悪しの評価・判断・指示を行う。プロジェクトの実行主体は、あくまで経営トップではなく、その部下である。このパターンは、多くの場合、経営トップにとっての外発的動機にもとづくものである。

▶パターンC：経営トップ見守り型

役員や経営企画部、人事部、広報部などが主体となり、パーパスを検討・言語化する活動を開始し推進する。経営トップは、活動開始時と終了時、それ以外に途中で数回、実際に活動に参加し、各メンバーと対話を行い、相互理解を図る。このパターンも、プロジェクトの実行主体は、あくまで経営トップではなく、その部下である。このパターンは、多くの場合、経営トップにとっては外発的動機によるものとなる。ただし、この場合は、活動主体のメンバーの中に、内発的動機を持つメンバーが一人以上いることが、活動の成否を分ける。

主に、このような3つのパターンに分けられるが、実際にはこれに限らず、それぞれの組織にフィットする活動のコアチームを設計することが望ましい。なお、取り組みがスタートするきっか

けによって、必然的にコアチームの体制が成り行きで決まってしまうことがある。そうした場合でも、本当にそのコアチーム体制が最適なのかを一度、立ち止まって確認してから活動を開始するべきである。

　以上が、ステップ1：活動のグランドデザインの進め方となる。次のステップ2へ進めるかどうかは、以下の点を確認してもらいたい。

<ステップ1の実施を確認するための質問>
・パーパスの言語化が完了した後にすべきことが、ステークホルダーで合意できているか
・パーパス活動を立ち上げることで、どんな成果が得たいのかが合意できているか
・向こう3年以上の活動の素案がイメージできているか
・未来年表の内容には、定量的なもの以外に定性的なものが多く書かれているか
・組織風土や社員の意識、マインド、コミュニケーション、マネジメントスタイルに言及されたものがあるか
・未来年表に書かれた内容を見て、実際の具体的な情景を思い浮かべることができるか
・（複数人で未来年表を作成する場合）自分以外の人が書いたものに対して、理解と共感を得られているか
・未来年表の内容が、現在からの未来予測ではなく願望に基づいて書かれているか
・直近1年間の内容を見て具体的なプロジェクト内容がイメージできるくらい詳細に描かれているか
・未来年表の内容で、パーパスに共感している、パーパスを実感して仕事をしている、自分事になっている、といった

ことが含まれているか

ステップ2「パーパスの再定義」

　次のステップは、「パーパスの再定義」である。このステップの目的は大きく2つに分かれる。

　1つ目は、過去から現在を振り返ることで組織に潜在しているパーパスを発掘することである。そして、2つ目が、現在から未来に向かって社会環境を意識することで社会から見た自社のパーパスを言語化することである。また、その前提として、自社の組織としてのパーパスを言語化する前に、個人のパーパスを考えるプロセスも重要である。

　実際に、企業がパーパスの再定義をしようとする際に「ありがちな失敗パターン」は次のようなものである。

▶ありがちな失敗①：正解探しをする

　一般に企業において、パーパスに限らず理念なども含めて言語化する場合、これまでの会社の歴史やあゆみを紐解きながら、何らかの正解を見つけていくことになる。ここで気をつけることは、あくまでパーパスを再定義するという目的を見失っていないか、ということである。

　よく見られるのが、コアメンバーがいつの間にかパーパスを再

定義するという目的を忘れてしまい、とにかく、「何かの正解を探すこと」自体を目的にパーパス再定義に臨んでしまうケースである。これは、普段から「何か正解を見つける」ことや「何か答えを探す」という思考アプローチに慣れていて、その思考アプローチがパーパス再定義の場面でも同様に再現されることによって起こる。

　しかし、パーパス再定義にはこの思考アプローチは適さない。こうしたアプローチでもし正解を見つけた場合、見つけた瞬間の達成感は一時的に得られるかもしれないが、実は、その言葉がコアチームメンバーの一人ひとりにとって大切なものにはなりにくく、結果として、自分の魂がこもったものにならないのである。

▶ありがちな失敗②：絵に描いた餅となる

　この失敗に陥らないことは、実は大変難しいことであるが、パーパスを再定義することよりも、パーパスを言葉として言語化し伝えること自体に重きがおかれてしまうことがよくある。この場合、どのような表現であれば多くのステークホルダーの共感を得られるかという観点で、聞こえが良い表現になっているか、格好良い言葉になっているか、などを意識ばかりしてしまう。

　このように言葉の格好良さで決められたパーパスは、気持ちが十分に込められておらず、時間が経ってもなかなか自分事にはなりにくい。その結果、絵に描いた餅の状態になり、会社の壁にポスターが貼られたり、カードが配られたりしたとしても、普段の日常の業務や生活の中で社員から共感され、共鳴される機会はそれほど多くはない。

▶ありがちな失敗③：独りよがりなものとなる

　社会に対する関心や理解が少ない状態でパーパスを再定義した結果、パーパスが独りよがりなものとなり、社会からの共感が得られないことがある。パーパスは、「社会的な存在意義」であり、ここでパーパスにおいて重要な要素は「社会」というキーワードである。

　日本の企業では、理念や社是の中にパーパスが表現されていることも多いが、パーパスとして再定義されるときには、「社会においてどのような存在意義があるのか」というところに重きをおく必要がある。企業で働く人々は、自分が関係している専門分野や顧客には深い興味や関心や知識を持つにもかかわらず、社会全体、特に世の中全体の仕組みや社会システム、法律、習慣、文化、風習などへの関心や知識が高くない場合が多い。

　自社のパーパスを本気で考える場合には、社会の動きを知っていることはもちろん、自社や自分だけではなく、世の中や社会から見たときの物事の捉え方や、社会的な視座や視点を持っておく必要がある。

　これらのありがちな失敗を避けることは容易ではないのだが、できるだけ陥らないようにするためには、パーパスの再定義のプロセスを、以下の流れで進めていくとよい。パーパスの発掘→個人のパーパス定義→組織のパーパス言語化という順である。ポイントとなるのは、個人のパーパスを定義したうえで、組織のパーパスに昇華させる点である。

ステップ2-1：パーパスの発掘

　まず、過去から現在までの自社の歴史を振り返り、その中における自社のパーパスを確認する。

▶①現在の理念、ミッション、バリューなどの内容を確認する

　どんな規模の会社であれ、また、創業間もない会社であれ、その企業として、何らかの理念に関わるような標語（理念、ミッション、バリュー、ウェイ）が存在するはずである。ただし、何らかの標語が存在していても、経営層や社員がそれを十分に理解・咀嚼して自分事化できていることは、会社は、特に大きな会社であればあるほど稀である。パーパスを再定義するにあたり、まずは、すでに自社が掲げてきた標語について、それを定義した際の背景や意図、込められた意味を関係者で対話し、理解を深める。

▶②会社の歴史を振り返る

　長い歴史のある会社で、何人もの経営トップが入れ替わりながら事業継続をしてきた場合、その会社の歴史自体を振り返ることで、自社の強みや提供価値をさらに深く理解することができる。自社の歴史を通じて、自社を取り巻く時代背景や環境変化のなかで、経営トップがどのように意思決定を行い、どのように経営危機を乗り越えてきたのか、あるいはどのように成長事業を創り上

げたのか、などについて振り返る。

　具体的には、社史や企業年表などが存在しているならばそれを用いたり、また他には、発信されてきた経営トップのメッセージ、当時を知るOB/OGの役員からの実話などを集めると、自社の歩んできた道のりを知ることができる。

ステップ2-2：個人のパーパスの定義

　続いて、個人のパーパスを確認する。組織のパーパスを再定義するのに、なぜ、個人のパーパスを描くことが必要なのかを疑問に思われるかもしれない。実は、組織のパーパスに最終的に共感・共鳴したり、パーパス策定後に組織のパーパスを社内のさまざまな社員へ浸透させたりする際に、このコアチームの一人ひとりの個人のパーパスが組織のパーパスと重なっていることが必要となる。そのため、まずは個人のパーパスを確認するプロセスをとる。

　なかでも、経営トップ（組織長）が個人パーパスをしっかり描けていることが、その後の組織のパーパス定義においては最も重要な要件となる。なぜなら、パーパスは、組織の上位層から順番に組織内の社員に伝わっていくことが効果的であるからだ。

▶①個人のパーパスと組織のパーパスの関係

　パーパスを再定義する場合、必ずと言っていいほどぶつかる壁が、「社員からの共感が得られない」「経営トップとしてメッセージを出しているが、いまひとつ浸透している感触が得られない」

図表8－5　個人のパーパスと組織のパーパスの重なり合い

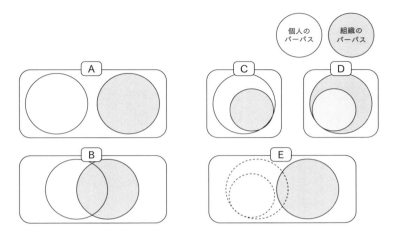

出所）野村総合研究所

　といったものである。共感とは、「自分以外の誰かの考え、感想、感情、体験などに対して、自分でも同じように考え、思い、感じられること」である。

　そのためには、「あるもの」と「別のあるもの」を比べて、「一致する部分がある。共通する部分（共通項や共通点）がある」という状態になる必要がある。

　この組織のパーパスと個人のパーパスの重なり合いについて、ご覧いただきたいのが、図表8－5である。

　もし、「社員からの共感を得たい」「現場に浸透させたい」と考えている場合は、組織のパーパスと個人のパーパスができる限り重なり合うような状況を、いかに創り出すのかを考える必要がある。重なる面積が広いほど、共感する部分が多くなる。A〜Eは重なり合いのパターンを示したものである。

A：組織のパーパスと個人のパーパスにまったく重なりがない

B：組織のパーパスと個人のパーパスが部分的に重なっている

C：組織のパーパスが個人のパーパスの一部となっている

D：組織のパーパスの範囲内にしか、個人のパーパスが存在していない

E：組織のパーパスは明確になっているが、個人のパーパスが明確になっていない（点線）

　なお、組織のパーパスと個人のパーパスの関係性のパターンは、他にもさまざまなバリエーションが考えられるが、ここでは代表的なもののみを紹介する。

　図表8－5では、A～Dまでの円では実線のみが使われ、Eでは個人のパーパスが点線となっている。実線はパーパスが明確になっている状態を意味し、点線はパーパスが明確になっていない状態を表す。また、企業組織で働いている人のなかには、実は、Eの状態、すなわち個人のパーパスが描かれていない、もしくは見失っている人が意外に多い。そのような場合には、個人のパーパスの確認や再定義が欠かせないプロセスとなる。

個人のパーパスの大切さ

　組織のパーパス、個人のパーパス、いずれかひとつでも明確になっていない場合は、組織のパーパスと個人のパーパスの重なりを確認することはできない。たとえば、A～Eのうち、Eは、個人のパーパスが明確になっておらず、パーパスの重なりを確認すること自体ができない。この場合、第1章でも紹介した「パーパスが有する特性」のうち、「共感・共鳴されていること」を満たすに至らない。この個人のパーパスを描けているかが実はパーパスを組織内で息づかせるためには大切な要素となる。

よくあるトップダウン型の組織では、個人のパーパスが明確になっていない（点線の）場合でも、「組織のパーパスを定義して、それを上意下達で現場に下ろして従わせることで浸透を図ることができる」という考え方ができるかもしれない。この場合、現場社員からしてみれば、これは、“パーパス”という被り物をした、単なる“指示命令”であり、今までも指示されてきた業務命令がひとつ増えたにすぎない。こうした場合、実際にパーパスとして掲げられたものは、あくまで言葉でしかなく、言ってしまえば単なる文字列である。この文字列だけで、人間の思考・言動にどれだけの影響を与えられるのだろうか。

　本当の意味でパーパスが組織で息づくのは、パーパスを掲げる組織や人々、ステークホルダーが日々共感・共鳴し、日々の業務マネジメントにおいて、身近に感じられているときである。パーパスは、言葉として定義されていたとしても、身近に感じられていなければ、人と組織、組織と組織、組織と社会をつなぐという重要な価値が発揮されない。

　実は、自分自身の個人のパーパスがイメージできている人、もしくは、個人でパーパスを描いたことがある人こそ、“パーパスという言葉の、持つ価値”を深く理解することできる。自分自身のパーパスを言語化していくプロセスを通して、「パーパス」というものが「単なる文字列」から「毎日、身につけておきたいお気に入りのもの」に変わるのである。

　その結果、組織として再定義されたパーパスと自分自身の個人のパーパスのどこが重なっていて、どこが重なっていないのかを判別することができるようになり、納得と実感を持って、組織のパーパスに基づいた意思決定や行動を実践することができる。これこそが、組織のパーパスを一人ひとりが「心から大切に思い」「普段から意識する」ことができている状態である。

▶②個人のパーパスの特性に対する理解

　個人のパーパスを描くために、まず個人のパーパスの特性について理解しておきたい。ここでは、第1章で解説した企業におけるパーパスの特性に沿って、6つの特性を紹介する。

　具体的に内容を説明していこう。

第1の特性は、「第三者的な観点をより強く含むもの」である

　個人のパーパスは、「自分がこうありたい」という第一人称的なものではなく、組織パーパスと同様に、第三者的な観点が含まれている必要がある。

　たとえば、ある個人が自分のパーパスとして「人を助けることにやりがいを感じる」「世の中の役に立つことに喜びを感じる」という表現をしたとする。これらは、掲げた本人にとっての満足感や充足感を表現しているだけであり、それが自分以外の他者のど

図表8－6　個人パーパスが有する特性

	○○である
観点	第三者的な観点をより強く含む （周囲や社会に対してどのような影響をもたらしたいか）
定義の方法	人生・生活・仕事で発揮されてきたものであり、発掘するもの
重視する点	公私ともに、日常の言動・行動で体現されている
差別性	（その人らしさがはっきりと分かる）他の誰でもない唯一無二である
共感・共鳴の対象	自分自身がしっくりきていること
動き	（業種・職種にあまり依存しない）日常や人生における意思決定の拠り所

出所）野村総合研究所

のような状況に対して、どのような価値をもたらしたいのかが分かりにくい。一方、たとえば「既存の概念にとらわれない豊かな発想で、組織や個人の良さを組み合わせ、その組織や個人をより楽しく、より効率的なものに変えていく存在」という表現をしたとする。この場合、「現状の楽しさ、効率性に満足できていない」という状況に対して「変化をもたらす存在」であるということが明確に表現されている。

このように、「第三者的な観点が含まれている」とは、自分が「周囲」や「社会」などに対してどのような影響や貢献を及ぼしたいのかが示されていることである。

第2の特性は、「これまでの人生・生活・仕事で発揮されてきたものであり、発掘するもの」である

個人が、これまでの人生を過ごしてきたなかで、他者へ及ぼした影響や貢献がまったくないということはないはずだ。したがって、その個人のパーパスも新たに創り出して定義するものではなく、これまでの自分の人生を振り返った時に「周囲に喜ばれた」「感謝された」「頼ってもらえた」などの個人の体験から、自分自身が周囲に与えていた影響や貢献してきた価値を自分なりに発掘し、言語化することとなる。

第3の特性は、「公私ともに、一貫して、日常の言動・行動で体現されているもの」である

言語化された個人のパーパスを改めて自分自身で眺めると、自分にとっては、何も特別なことには見えないかもしれない。これは自分としては、あくまで自然体で、自ら好き好んでやっていることであり、日常的なことでさえある。しかし、個人のパーパスは、仕事中でもプライベートの時間でも、ごく自然に発揮されて

いる特性であり、一貫している必要がある。もし、一貫していないと感じられる場合は、もしかしたら、会社組織から求められた「役割の自分」を表現しているだけかもしれないし、また、自分なりに見出した「正解」と思えるものを表現しているだけかもしれない。個人のパーパスは、自分自身がそれ（＝その表現や言葉）を意識すると、よりワクワクし、よりモチベーションやパフォーマンスが上がるものである。このように個人のパーパスは、日常の言動・行動で体現されているものである。

第4の特性は、「（その人らしさがはっきりと分かる）他の誰でもない唯一無二のもの」である

　個人のパーパスは、他の誰のものでもない、その人なりの唯一無二のものである必要がある。実際に、誰かがある人の「個人のパーパス」を見たときに、それが自分の知っている誰の（友人、仕事仲間などある程度、日々の言動、性格などを知っている人）パーパスなのかを特定できるくらいに、その人らしさを表す情報や表現が盛り込まれているとよい。

　たとえば、よくある「人を喜ばせる」という表現だけでは、その人をよく知る人であっても個人を特定することは難しいだろう。これに「どんな自分の個性・強みを使い」「どんな風に、何に対して喜んでもらうのか」といった表現や情報を付け加えるならば、その人の唯一無二のパーパスとなり得る。

第5の特性は、「自分自身がしっくりきているもの」である

　組織のパーパスが「社外のステークホルダーからの共感・共鳴も同時に意識されるものである」のに対して、個人パーパスの場合は、他の誰でもない、自分自身がしっくりきていることが何よりも大切である。「言葉として格好良い」といった表面的なもので

は意味がない。自分の気持ちや感情、モチベーションが触発され、パーパスを読み上げるたびに力がみなぎってくるような感覚を覚えられるほどのものであり、ある意味、日常と人生全般の原動力の源ともなるものである。もちろん社会とも共感・共鳴し合えると良いが、それよりも自分自身がしっくりきていないと、何も始まらない。

第6の特性は、「（業種・職種にあまり依存しない）日常や人生における意思決定の拠りどころ」である

　最後に、意思決定の拠りどころとなるものであるという特性である。組織のパーパスでは「原点」や「羅針盤」という表現を用いたが、個人の場合は、特定の業種・職種にあまり依存することのない、日常や人生における意思決定の拠りどころとなる。人は日々、選択の連続である。「何を選ぶか」「何を買うか」「何を言うか」「何を食べるか」「何をするか」「どこへ行くか」など、数多くの選択をしている。この日々のさまざまな選択の積み重ねが、じわじわと「自分自身の精神と身体面の状態」「自分の身の回りの環境」「人生そのもの」に影響を与えている。しかし、日々のこれらの選択の瞬間は反射的に即断即決していることが多い。自分が望む状態へ近づくための日々の選択、それを一貫して行うため、個人のパーパスが明確に言語化・意識化できていることが重要となる。

以上が、個人のパーパスが有する特性である。

▶③個人のパーパスの定義の方法

　これまで、組織のパーパスに対しての共感・共鳴を起こすためには、個人のパーパスが重要であることを述べてきた。ここから

はまず、個人のパーパスが有する特性も踏まえつつ、個人のパーパスを定義する方法について紹介する。その際にきわめて大切なのが、「役割の自分」と「素の自分」という考え方である。

「役割の自分」と「素の自分」

　個人のパーパスを定義する際、よくあるのが、自分が所属する組織のなかで与えられている役割に照らし合わせながら正解探しをしてしまうことである。そうした結果、個人のパーパスが、もっともらしい優等生的な言葉で言語化されてしまう。これでは、後に再定義される組織のパーパスに対しても真の「共感・共鳴」が起きることはない。ここでは、真の「共感・共鳴」が起きるための必要条件を説明する。

　「役割の自分」×「仕事カテゴリ」（A）は、所属する組織において、自身が求められている役割・役職に基づいた「自分」である。たとえば、その役職として規定された職責・ミッション・役割が自分の意見・考えであり、なすべきことであると捉えられている。

　次に、「役割の自分」×「プライベートカテゴリ」（C）は、家族構成における「父」や「母」、地域コミュニティや学校関係者の中での役職などを指す。学校の同期で集まるといつも仕切り役というのもこれに当てはまる。「役割の自分」で個人のパーパスを描くと、その役割と密接に紐づいた表現となり、立場・組織・会社・所属コ

図表8-7　役割の自分／素の自分

	テーマ（カテゴリ）	
	仕事	プライベート
役割の自分	A	C
素の自分	B	D

出所）野村総合研究所

250

ミュニティが変わった場合は、そのパーパスは当てはまらないことが多い。

　続いて、「素の自分」×「仕事カテゴリ」（B）とは、現在の会社組織における、役割・役職には縛られることなく、その人の個人の価値観・特性に基づいた思考・言動をしている時の自分である。「素の自分」で個人のパーパスを描くと、それは他の会社組織に移ったとしても、その人の本質（特質）が変わるわけではないので、パーパス自体が大きく変わることはない。「素の自分」で個人のパーパスを描いた場合、転職をする際にも、そのパーパスを活かせる役職・会社という前提になるであろう。

　最後に、「素の自分」×「プライベートカテゴリ」（D）は、たとえば、普段は家族のこと最優先で、車で送り迎えをしてくれたり、料理や洗濯をしてくれたりしてくれる親が、そうした親としての役割や責任をいったん、脇におき、ただ一人の人間として、自分個人の価値観・欲求だけに基づいて、大好きな映画を観に行ったり、好きなものを買い集めたりしている状態を指す。つまり、他者の価値観・意見・考えを気にすることなく、自分だけのWILL/WANTで意思決定や行動をしている状態を指す。

　個人のパーパスを定義する場合は、特に「素の自分」×「仕事カテゴリ」（B）の思考の筋力を使えるようにトレーニングすることが大切である。できあがったパーパスを「絵に描いた餅」にしないためには、組織のパーパスを言語化する際にも、この（B）の筋力を使うことが大切である。

　こうした「役割の自分」と「素の自分」を意識した上で、個人のパーパスの定義の方法の代表的なものを3つ紹介する。

方法1：自分の人生を振り返る

　自分のこれまでの人生を振り返ると、一貫している意思決定のスタイルや価値観が浮き上がってくる。特に、記憶のある限り、幼少期から、現在までの自分の人生を振り返り、印象的な出来事、感情を強く揺さぶられた出来事、尊敬していた人物、人生に大きな影響を与えた意思決定、などを書き出し、その全体像を俯瞰してみる。そうすると、自分自身の価値観や意思決定の拠りどころが浮き彫りになる。

方法2：客観的に個性や個人の特徴を割り出すツールを活用する

　客観的に個性や個人の特徴を割り出す診断ツールを活用するのも一案である。こうした診断ツールを活用することで、無意識に発揮されている個性・価値観を、客観的な基準に基づいて知ることができる。自分自身での振り返りに加えて、世間一般の人との比較のなかで、自分自身の特徴を知ることも重要である。ツールはさまざまなものがあるが、たとえば、米国ギャラップ社による「ストレングスファインダー」が代表的なもののひとつである。

方法3:他者からのフィードバック

　複数の他者に自分自身を観察してもらい、明らかに感じられるその人らしさを言ってもらうことで、初めて自分のパーパスが明らかになることも多い。このフィードバックは、一定期間、関わりのある（あった）他者から、その観察結果を聞いたり、じっくりと対話を行ったりすることでも達成される。また、プロフェッショナルのコーチングを受けることも一案であろう。

　①～③のほかにもさまざまな方法があるが、いずれにしても、自分なりの言葉で個人のパーパスを言語化する。ただし、気を付

けたいのは、個人のパーパスの完成には終わりはないことである。組織のパーパスを検討するプロセスでは、個人のパーパスを最終完成させること自体は目的ではない。

ワインの造り手の "想い" も輸入する

基礎情報：茨城県つくば市に本社を置く、1998年創業のヴィナイオータは、ナチュラルワインのインポーターである。取引相手となるワインの造り手の9割以上がイタリアであり、その造り手たちが手掛けるパスタやオリーブオイルなどの食品も取り扱う。同業他社での業務経験のない代表の太田久人氏が創業して20年が経った今、日本でナチュラルワイン・ファン増加に最も大きな影響を与えている企業のひとつである。正従業員はご家族を含めて21名、パート従業員は14名、役員は太田氏1名。取り扱いの造り手の数は95（2022年1月時点）。

　代表の太田氏によれば、ヴィナイオータはインポーターでありながらも、自分自身の想いや考えを表現するための場でもある。ヴィナイオータでは、太田氏が「素の自分」で描いた個人のパーパスが、組織そのもののパーパスとなっている。小さなパーパス・カンパニーを営むヴィナイオータ代表の太田久人氏に話を聞いた。

　※太田氏は、ワイン業界の商流の流れを「造り手」「売り手」「飲み手」の3分類で表現する。

ワインの造り手と語らう太田氏（中央）

図表8−8　ヴィナイオータとは

ヴィナイオータとは

ヴィナイオータは…インポーターです。

同時にヴィナイオータは、僕オータの想いや考えを表現するための場でもあります。

ワインを中心に、生ハム、パスタ、穀類、オリーブオイル、バルサミコ酢やジャム等の保存食も扱っているのですが、それら物質的なモノだけにとどまらず、それらが生み出された背景にある、造り手の想い、哲学、理念さえもしっかり輸入したいと本気で考えているインポーターです。

自然に対して畏怖の念を抱いているのなら、自然環境に最大限の敬意を払った農業を心がけるでしょうし、ヴィンテージやテロワールなど、その年、その場所、その土壌の"自然"が余すことなく反映されたワインを理想とするのなら、醸造時に過剰な介入はしないでしょう。

不思議なことに、このように造り手が"我"を捨てて、その時、その瞬間の良心に従ってできたプロダクトには、唯一無二の個性が付与されます。

年の個性、土地の個性、品種の個性、そしてヒトの個性…

ヴィナイオータは、そういった造り手の良心、覚悟、情熱などが詰まったプロダクトがもたらす感動を皆さんと共有すべく、熱苦しくご紹介することをモットーとしているインポーターです。

ヴィナイオータ代表　太田 久人

出所）ヴィナイオータ　ウェブサイトより

Q1：ヴィナイオータを創業した背景・きっかけは何か。

A1：大学での就活タイミングが遅れた状況で身の振り方を考えた時、趣味を実益（仕事）に変えることでしか社会人としてやっていけないと考え、僕の場合はそれがワインだった。ワインをより深く知るために僕が選んだのはイタリア。日本でワインというと、フランスを思い浮かべる方も多いと思うが、フランスワインはワインの世界の商業化システムを作った国であるがゆえに情報が整備されている。そのため、フランスであるムーブメントが生じると、ほぼ時差なく世界にも情報が行き渡る。一方で、当時のイタリアは、ワインに関しては未開の地の予感がし、日本では知り得ないものに出会えるのではないかと考えた。

イタリアという国は他のヨーロッパのワイン諸国と違って全土20州すべての地でワインが造られており、土着ぶどう品種の多様な個性やその土地ごとの料理の違いにも感動を覚えたりした。

イタリアに住んで3年が経ったとき、どういう形でワインに携わろうかと考えたが、自身の性格（性向）を鑑みても、雇われの身でやっていけるイメージもなく、結局、親に借金をしてこのワインを輸入する会社を始めることに。

当時の日本には、銘醸地と呼ばれる地域のワインは数多く輸入されていたが、マイナーな地域のマイナーな品種のワインはなかなか手に入らなかったし、（定温管理のコンテナを使用せずに輸送されたため）状態の悪いものも散見した。

商売する側の目線で「質の良いものを、状態良く運び、適正利益で販売する」を飲み手の立場から見たら、「状態良く運ばれてきた質の良いものを適正価格で購入する」となるのは自明。これに加えて、イタリア在住時に感じたイタリアワインの多様性や多彩さを皆さんにも知ってもらいたいと考えたのが、創業のきっかけ。

Q2：ビジネスとしてワインを扱う方法はさまざまあるが、ヴィナイオータでナチュラルワインを追求しているのはなぜか。

A2：端的にいうなら、自分が感動したワインの多くが、結果的にナチュラルワインであった、ということ。「飲み手としての太田」（＝素の自分）と「経営者としての太田」（＝役割の自分）が存在するが、「飲み手としての太田」が楽しいことをいかに「経営者としての太田」が具現化するか、というスタイルでやってきた。取引している造り手が日々取り組んでいることは、前例のない、新しいチャレンジであることが多い。彼らがそのチャレンジを成し遂げることが楽しみのひとつ。

　このプロセスは、ある意味、歴史の一場面に同席できる稀有な環境であり、こうした造り手の想いや情熱を世の中に発信することが大切な仕事のひとつ（存在意義）になると考えている。

　ナチュラルワインのブドウ栽培の方法にはさまざまな呼び方があるが、農学博士にして地質学者でもあり、ナチュラルワインの造り手でもある故ロレンツォ・コリーノと話していて、オーガニックという言葉が最も適切であろう、となった。このオーガニックとは、有機質の肥料を使うからオーガニックなのではない。オーガニックとは、自然の循環のなかで、農業の一連のサイクル全体にわたって有機的な関わりを持つことであると考えている。「自然に存在するものを有効に活用すること」や、「自然に存在するものがひとつたりとも欠けないこと」が大切であり、こうした想いを伝えていきたい。

　また、サステナビリティという観点では、大量消費型の生産方法や農法を用いてそれを実現するのは難しい。現在は、農業の世界にAIを持ち込んだり、遺伝子組み換え技術を活用したりなど、

人が自然界をコントロールすることを「良し」とする流れもあるが、これは結果的に膨大なエネルギーを使うことになる。

　オーガニックという考え方は、今存在するものをどこまで有効活用するかを追求した概念であり、これからの時代に必要とされるもの。ワインは、原材料が単一であり、農産加工品であり、人の感情に突き刺さる芸術的な側面を持つ製品。インスピレーションが得られたり、明日への活力となるワインが、良いワインだと感じている。その良さを伝えることができれば、世の中でそのようなワインが増えていき、最終的には、人類の存亡にも関わる持続可能な世界が訪れるかと。

　ヴィナイオータの発信によって、たとえば、日本のスーパーで、（不自然に）安価なワインや食用油が購入できることに疑問を持つ人が増えれば、値付けが少し高いと感じられても、より真っ当に造られたものの方が長期的には販売が伸びていくだろう。多くの人が知らないと決めつけてしまっていることのなかには、想像力を働かせさえすればおおむね理解できてしまうことがたくさんあるように思う。ワインの世界で腑に落ちれば、他の製品にも同様の考えを持ち込んでもらえるのではないかと思っている。

Q3：ヴィナイオータでは、パーパスを基軸とし、どのような環境変化があっても経営の考え方がぶれない。なぜ、ぶれないのだろうか。

A3：ヴィナイオータの想いは、私自身（素の自分）が守りたいものであり、それは、揺るぎないものである。この想いは、次の世代にも受け継いでいきたい。ヴィナイオータで働く人は、ヴィナイオータの想いに共感し、そして、人間性にあふれている人が多い。結果として、ヴィナイオータの想いに共感している人が働き続け

てくれている。働く人にとっても、ヴィナイオータかヴィナイオータのプロダクトのファンになっている状態が創り出されている。

Q4：ヴィナイオータが扱うプロダクトの良さや想いを人々に伝えることは難しいのか。

A4：ワインの世界ですでに評価を得ているような引く手あまたの商品を扱うのであれば、比較的すぐに受け入れられたと思う。ただ、ヴィナイオータのワインは15〜20年をかけて良さが伝わり売れるようになったものが多い。

　たとえば、ヴィナイオータを代表するラディコンという造り手がいる。取り扱い始めた当初は、300本の在庫を売り切るまで1年以上かかったが、今では数千本が数日で売り切れてしまう。

　今でこそ需要が供給を上回るワインとなったが、ラディコンのワインを取り扱ってきた20年間のうち、約15年間はあまり売れなかった。その間、ワインは瓶の中で変化・成長（熟成）を続け、我々が販売を諦めず、造り手がキャリアを重ね続けたことによって、現在のラディコンの絶対的な評価につながっている。時間をかけたからこそ絶対的な地位を得ることができたひとつの例と言える。

　ヴィナイオータが扱っているプロダクトの良さや想いを伝えるのには、時間がかかる。扱っている商品、ものの考え方、生きる住環境で実施していることすべてに一貫性を持たせれば、時間はかかってしまうが、それがすべて説得力に帰結していくと思う。

　会社として光栄なのは、一般のお客様から「飲んだことがない造り手でも、ヴィナイオータのシールがあると安心する」と言われたとき。インポーターはさまざまなブランド（造り手）を扱うセレクトショップのようなもの。そのセレクトショップにとっては、個性豊かで多様性に満ちたラインナップを実現しつつも、ショッ

プとしての哲学や矜持を投影させたセレクトができることが重要である。そうすれば、多様性がありつつも、共通のフィロソフィーを感じていただける。

マーケットがオセロの盤面だとすると、角から展開できているか、誰からもひっくり返せない陣地を持っているかが企業として重要だと思っている。弊社が付き合っている造り手たちは、オセロでいうと角を持っていることに値すると思う。

Q5：ビジネスを拡大させるということは考えないのか。

A5：果樹の場合、植えてからある程度の収量が見込めるようになるまでに時間もかかるため、造り手が急激に生産本数を増やすことは不可能。加えて、職人的な手法で造られているため、造り手がブドウの栽培面積を拡大し増産に踏み切ったとしても、量に限界がある。

多く売れるに越したことはないが、大切なことは、ヴィナイオータの成長と造り手の成長が同じペースであること。ドラスティックな増加拡大よりも、継続的な微増の方が意味深いと考えている。

Q6：ヴィナイオータにおいて、普通のビジネスと異なる点はあるか。

A6：最初はまったく売れなかったが、それでも創業から今まで、自ら飛び込みで営業をしたことはない。お客様自らがヴィナイオータに何らかの興味を持ってもらうことは最低限必要だと思っている。

と、ここまで言っておきながら、今の表現は生来のズボラさを

正当化することの方便みたいなところもあり、ただ、ここで本気で強調したいのは、我々の営業トークよりも「ワインの放つ声にこそ耳を傾けてもらいたい」ということ。最初に輸入したワインの試飲会を実施することになった際、学生時代に通っていたイタリア料理店のつながりから、当時の業界のトップクラスの方々に集まっていただくことができた。そこで良さを知ってもらい、その後、さまざまな方々に広がった。

　土地、ブドウ、その年の天候のことを雄弁に語りかけてくれるワイン（＝そういったワインを醸す造り手）をしっかりと見つけてくることこそが、我々の仕事で最も重要なポイントで、その後の精力的な営業活動はさして重要ではないと当初は考えていた。

　リーマンショック後、2009年に初めて売上が前年比で落ちたことがある。プロダクトに熱量があることが大切という考えは変わっていないが、インポーターはワインの造り手にとっての「日本駐在大使」であるべきで、大使としてその国の美しさを熱苦しく語らなければいけないと思うように。ワインに限らず、あらゆる芸術形態において、技術で他者から勝ちとれるものは「感心」どまりで、情熱や情念などと我々が呼ぶ、ある種の熱がこもって初めてヒトの心を動かすことができるのではないか、と。

　そう思い至ったとき、より遠くの人（飲み手）にまでそのプロダクトがもたらす感動を届けるためには、そのプロダクトがもともと内包する熱量を落とすことなく、あわよくば我々売り手が0.1℃でも温度を上げることをイメージして仕事をすることが重要だと思うようになった。

　造り手との深いつながりが、ヴィナイオータのビジネスを支えており、東日本大震災の際には、ワインの造り手から「とても心を痛めているから自分たちにできることはないか」と連絡があった。そこで、造り手からワインをプレゼントしてもらい、その売

上をすべて被災地に寄付をした。

Q7：想い（＝パーパス）を大切にすることで、ビジネスが成長し続けることは可能なのだろうか。ファンを増やすためにはどのような工夫が必要なのか。造り手との長く続く関係性はどのようにできていったのだろうか。

A7：信念があるからこそ、継続できるのだろうし、継続していくから結果も出るようになるのだと思っている。もちろん、確固たる信念があっても、結果がついてこないこともあるが、そういった際、短絡的に他者や社会情勢などのせいにすることなく、自らの振る舞い、判断、決断の中に主原因を求める姿勢を貫けたのなら、失敗（ネガティブな結果）さえも新たな成長のチャンスとすることができると思う。

　自ら会社経営をしていた父は生前、「結果が伴うところにまで至っていないスモールビジネスを存続させるためには、得点（売上）を増やすことではなく、いかに失点（支出）を少なくできるかが重要だ」と言っていた（失点がなければ、最低でも引き分けられる）。

　そういった考えでいうと、ファンを増やすためにはまず、既存のファンが離れていかない状態を維持できるかが重要ということになる。ファンの期待を裏切らず、楽しませ、時にはびっくりさせることを続けられれば、ファン離れは起こらない。そして既存のファンにより一層愛してもらえる存在になれたのなら、そのファンがそのファン自身の愛情を持って、新たなファンを創出してくれると考える。

　前述の「飲み手としての太田」は、言い換えるならヴィナイオータのワインの最大級のファン。だから、一ファンである太田が楽

しい！と思ったり、こんなことを知りたい！聞きたい！と思うことを企画、発信していけば、新たなファンを獲得することにもつながると信じている。なんにせよ、大事なのは想い（熱）を込められるかどうかだし、込めるためにはたくさん考える必要がある。そして考えるからこそ、さまざまなアイデアが出てくるのだと思う。

―――――――――

「物質的なモノだけにとどまらず、それらが生み出された背景にある、造り手の想い、哲学、理念さえもしっかり輸入したいと本気で考えているインポーターです」

「ヴィナイオータは、そういった造り手の良心、覚悟、情熱などが詰まったプロダクトがもたらす感動を皆さんと共有すべく、熱苦しくご紹介することをモットーとしているインポーターです」

―――――――――

出所）ヴィナイオータ ウェブサイト

「一飲み手」としての価値観、感性、感動を起点にして商売を考えている。つまり、売れるから買い付けるのではなく、「売りたい！伝えたい！共有したい！」と思えるものを買う。

　したがって、造り手のもとには、買い付けをするのが一番の目的ではなく、自分が「一飲み手」として好きでリスペクトしている人に会いに行って話をしている感覚。そのついでに、後で仕事の話をするような意識でいる。

　造り手は、天候の良し悪しにかかわらず、誠実にその年のベストを尽くしていると信じているので、"良い年""悪い年"という言い方もしない。だから、造り手がオファーしてくる量をそのまま

もらうか、もしくは造り手が売り困っているというのなら多少無理してでも買うようにしているので、ヴィナイオータには買い付けという考え方そのものが存在しないのかもしれない。

　天候に恵まれればワインの味わいはリッチになり、逆に生育期間中に雨が多ければ淡麗な味わいになるのが普通。「赤は青より美しい」とか「春は夏より美しい」などと言わないことからも明らかなように、美しさとは優劣ではなく、唯一無二か否かを表す言葉。この観点から言ったら、雨が多かった年のワインが表現すべき美は"淡麗"だということは自明なはず。ヴィナイオータのワインの飲み手にはそのような感覚を持ってもらえると嬉しい。スポーツでいえば、負けることも受け入れるのがファンであるが、ワインでいえば、天候が悪いとしても楽しんでくれることがファンである。

　今、結果として、造り手は、ヴィナイオータが造り手を決して無下に扱わないと信じてくれている。自然が母親ならば人間（＝造り手）は父親であり、ワインという子供を預ける際に信用のおける里親（＝売り手）を選びたいと思うのが自然。そのようにして、関係性が長く続いているのだろう。

インタビューまとめ

　創業時を除き、ヴィナイオータでは、一般的なインポーターにとって重要な販促活動である、酒販店（＝売り手のひとつ）向けの試飲会は行っていない。しかし、東日本大震災のあった2011年を初回として、2014年、2017年の3度にわたり、多くの造り手たちに日本へ来てもらい、造り手自らが飲み手にワインを注ぐイベントを開催してきた。

　筆者は、2014年と2017年にこのイベントに参加したが、その時の造り手のコメントを今でもよく覚えている。「ワイン造りとい

う仕事は、自然相手に思い通りにならないことなど、苦労や困難も多く、大変な労力を要します。でも、こうして飲み手の皆さんの喜びに満ちた笑顔を見ると、また頑張ろう！というエネルギーがみなぎってきます！！」。

これに対して太田氏は、「僕はこうした造り手のワインを飲んで感動した。そしてその感動を飲み手に届けたいと思っている。実際に飲み手が飲んで得られた感動・価値・喜び・幸せを、そのまま造り手にも届けたいと思った。こうして感動が循環していくといいなと。これがこのイベントの最大の目的」と締めくくった。

ヴィナイオータは、ナチュラルワインを中心に、長期的視点を持ち、造り手の想いを飲み手に熱量を持って伝えることで、造り手との信頼関係、そして飲み手との信頼関係を効果的に醸成している。すなわち、ヴィナイオータのパーパスは、造り手と飲み手をつなぎ、互いの共感・共鳴を生み出す役割を果たしていると言えるのだ。

［インタビュー先］
株式会社ヴィナイオータ
代表
太田 久人氏

ステップ2-3：パーパスの言語化

▶①個人的に願う理想の社会を思い描く

　ステップ2のパーパスの再定義の最後に、組織のパーパスの言語化を行う。

　個人のパーパスを通じて明確になった自分の価値観に基づいて、自分なりの理想の生活環境・社会環境を言語化することがこのステップの目的である。

　ここで改めて認識しなくてはならないのは、"自分自身の理想の生活環境や理想的な人生というものが、自分個人の意思・裁量・権限だけで実現できるわけではなく、自分が暮らす地域社会や自分が暮らす国の法律や慣習などさまざまな社会システムの影響を常に受けている"ということである。

　あえて少し大げさな表現を使うと、"ほとんどの人は、日常生活において、自分の目に見える範囲、そして今この瞬間のことだけを考えて判断したり行動したりしている"。しかし、人類全員が目の前の短期的なことだけに意識を向けてその場その場での選択だけを繰り返した場合、理想的な社会の実現には近づくことは難しい。人間が自然体で生活をしていると、長期的なことを考える視点よりも短期的なことを考える視点の方が強く、そして、世の中全体を考える視点よりも、今、目の前、自分の身の回りだけの部分的な世界を見て判断する傾向が強い。

　しかし、本書で言及しているパーパスという概念はあくまで"社会における存在意義"を指しているため、その言葉の定義をす

る際には、できる限り、社会から見た目線（社会的視座）で考え、言語化する必要がある。

（1）自分の視座の現在地を知る：「視座の輪」で確認する
　ここでは、社会的視座で考えるためのツールとして、「視座の輪」を取り上げる。これは、自分自身の視座の現在地（どこによりリアリティを持てるか）を区別・確認するためのものである。左右いずれの輪においても、内側の小さい輪の方が、より自分事化されやすく、外側に進むにしたがって、自分事化がしにくくなる。「立場編」（左側の図）は、「物事をどの位置・立場から見るのか」に関するものであり、「時間編」（右側の図）は、「物事をどの時間軸で考えるのか」に関するものである。なお、左側の輪の各視座の並び順序については、人や組織によって異なることもあるが、本書では、この順序で紹介することとする。

「自分自身」から「会社・自社」まで

図表8－9　視座の輪　立場編・時間編

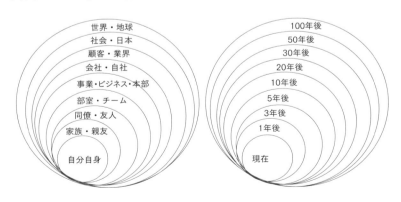

出所）野村総合研究所

左側の輪（立場編）を見て、どこまでリアリティを持つことができるだろうか。当然ながら、人間は誰でも、自分自身のことに一番リアリティがあるはずだ。そして、次にくるのが、家族、特に親しい友人（親友）である。そして、日々、接する機会の多い、職場の同僚や友人があり、その次はもう少し範囲が広がって、部室・チームなどの所属している最小単位の組織となっていくことが多い。

　よく会社組織では、"目線を上げろ"や"高い視座を持て"と言われるが、それは次の「事業」「ビジネス」「事業本部」といったものが該当するだろう。さらに「会社・自社」という視座は、よく言葉にはされるものの、役員層を除き、なかなか会社全体が自分事になりにくいものである。経営トップですら、"自分の担当領域での成果をいかに最大化するか"を最優先するのが常である。それ自体は真っ当な思考であり、悪いことではないが、必要なことは、「担当領域」視座と「会社（全体）」視座、この2つを意識的に切り替えられることである。

　さて、ここまで言及してきた「自分自身」から「会社・自社」までの視座は、「利己的」に捉えられることが多いかもしれない。そして、次の「顧客・業界」から、より「利他的」なものとなる。

「顧客」

　次の「顧客」は、"ビジネスの世界ではこの視座は当然持っている"というふうに思われがちだが、これは主観の世界に陥っていないかを、よくよく考える必要がある。さまざまな企業の経営層や社員と、この「視座の輪」について対話をしていると、よく遭遇するのが、"自社・自分たちの利益が最大化することを前提とした"「疑似顧客視座」である。本来は"自社の利益をいったん脇におき、完全に顧客の立場になりきって、何が理想的な状態か"を考

えなければならない。

「業界」
「業界」の視座、これを持ち得ていないと、同じ業界内で競争を重ねていった結果、実は業界全体の価値を下げてしまうこともあり得る。"価格の安さ"を最優先にした競争は、その最たるものであり、（薄利多売により）長期的に自社の経営状況を悪化させたり、業界全体の給与水準に影響を与えたりする可能性がある。

「社会」〜「世界」
「業界」より外側の輪については、個人や組織、業種などにより並び順は変わる可能性が高いが、ここでは、「業界」の次は、「社会・日本」としている。「社会・日本」と「世界・地球」については、その言葉を自分で使った時、または、人から言われたときに、どちらがより身近でリアリティを感じられるかによって、いずれの輪が内側か外側なのかを判断する。

時間編
　次に、右側の輪（時間編）について考える。この「時間編」では、シンプルに、「物事を普段、どの時間軸で考えているか」を改めて考えてみる。「現在（今この瞬間）」から、「1年後」「10年後」そして「100年後」とあるが、たいていの人が考えやすいのは、「現在」から「1年後」「3年後」ではないだろうか。実際、企業の役職員との対話では、一般社員で「1年後」、管理職で「1年後」から「3年後」、役員クラスで「1年後」から「5年後」というのが、最も実感を持てるようである。企業において、パーパスを再定義する場合、この時間に関しても、「現在」や「1年後」から、少なくとも「10年後」より先の時間軸で実感を持てるようになっておく必要がある。

＜今の実際の立場より外側の立場になったつもりで、自分が思う理想の状態を思い描く＞

　さて、この「視座の輪」の「立場編」と「時間編」を使って、自分自身や社員の現在地が確認された後、実際の立場より外側の立場になったつもりで、自分が思う理想の状態を思い描く。ここで、現在よりも外側の輪にリアリティが持てる状態になるかどうかは、外側の視座で考える機会や時間をどれだけ持てたかによる。経営トップがなぜ「会社・自社」の視座でいられるかは、好むと好まざるとにかかわらず、常日頃からその立場で考えざるを得ないからである。「立場が人を成長させる」「立場が人をつくる」ということがあるが、これはまさに、その立場に適した視座が醸成されていくからである。

　たとえば、普段、なかなか自分の身の回りにしか意識が向いていない人の場合は、「自分の関わる事業が、10年後にどんな状態になっていることが理想的だろうか」といった問いに関して、じっくり考え、そして、他のメンバーと対話をする。他のメンバーがより視座が高ければ、この対話によって、今の自分の視座をより客観視できるようになり、より視座の高いメンバーに刺激を受けて、自分の視座が高まることになる。

　以上のように、視座が高まることによって、初めて自分が興味・関心のある身近なテーマについて、それがより良い状態になるために、その事柄やその中の仕組みについてより深く思考することができるようになる。自分の個人のパーパスが明確になった状態で、世の中の仕組みや社会システムを知ると、自分の価値観を活かして、「社会のこういうところが、こんな風になってほしい」というように理想のイメージ描きやすくなる。

270

（2）自分の身近なテーマで社会システムを見極める

　次に、自分の身近なテーマで社会システムについて十分に調べ、社会への感度を高め、大局的な状況を見極めることが必要である。荀子（孔子の後輩）の言葉に「着眼大局・着手小局」というものがある。おおよその意味は、「目の付け所はとにかく大きく広く、行動は小さく身近なところから」である。

　近年は、「社会課題を解決します」と宣言する企業が増えているが、「社会課題を解決します」と言っておきながら、社会システムについて十分な調査・検討がされていないケースが存在する。これは、「一般消費者や世間に対して企業姿勢を伝えたい」という外的要因から宣言していることが多いと思われるが、この場合、社会システムの調査が十分でないがために、本質的な原因ではないものに対して、一生懸命にリソースを割いてしまうことがある。本当の意味で価値のあるパーパスというのは、社会システムをよく見極めたうえで、自社の最適な関わりを見出し、そこへ価値を提供する企業である。

　前述の「視座の輪」の自社よりも外側にある、「顧客・業界」「社会・日本」「世界・地球」などにリアリティを持つためには、「社会システム」について興味・関心を持ち、自ら調べたり、知ったりすることが重要である。この社会システムの学習・探求には終わりはないが、まずは、自分が興味・関心のある身近なテーマから始めてみるのが近道となる。テーマがある程度定まってきたら、問題点とその原因、影響していそうなことを、できるだけさまざまな視点から観て、調べることである。

　たとえば、「子供の頃に食べていた、大豆の味がしっかりと感じられる美味しい豆腐が食べたいが、なかなか見つけられない」というテーマがあったとする。この場合には、豆腐の原材料、原材

料の調達方法、国産と輸入物の状況、製造方法、輸入物への関税、製造業者と販売業者の取引状況などを自ら調べることで、自分の日常生活のできごとが、社会のさまざまな事象とつながっていることを改めて確認することができる。たとえば、日本に住んでいる自分の日常が、いかに海外や世界全体とつながっているかを実感する、という具合である。

コラム：「経済社会システム」について興味・関心を持つ

「経済社会システム」について興味・関心を持つとはどのようなことなのか。ここでは、一般社団法人サーキュラーエコノミー・ジャパン（CEJ）の取り組みを紹介したい。

　CEJは、国際的な協調のもとで、サーキュラーエコノミーを日本に経済システムとして根付かせることを通じて、持続可能な世界を実現することを目的とするプラットフォームである。このプラットフォームで、企業のサーキュラーエコノミーに関するナレッジ、アイデア、行動を結びつけることにより、日本経済のサーキュラーエコノミーへの円滑かつ迅速な移行を促進しようとしている。

　CEJは、2018年に一般社団法人（非営利組織）として設立され、持続可能な社会の実現や、日本経済のサーキュラーエコノミーへの移行を促進するという社会的な使命を掲げる。代表理事の中石和良氏は、2013年に独立・起業し、持続可能な社会の実現に向けたさまざまな取り組みを本格化させた。

　現在のCEJの活動内容は、サーキュラーエコノミーに関する情報蓄積・共有、プラットフォーム参加者間での連携、ノウハウ・グッドプラクティスの交換、サーキュラーエコノミ

ーへの移行において障壁となる課題解決アプローチ、セミナーや専門委員会の企画・開催などである。中石氏は、過去に大企業でのさまざまな業務経験を通じて、最終的に、サーキュラーエコノミーという持続可能な経済社会システムへの移行に関わる関心を高め、独立・起業している。経済社会システムについて興味・関心を持つためには、社会のさまざまな事象や仕組み、あるいはシステムへの問題意識や感度の高さが求められる。

　中石氏によれば、近年のサーキュラーエコノミー推進のポイントは、DXであるという。サーキュラーエコノミーについて欧米企業ではデジタル技術を課題解決の「手段」として活用しているが、日本企業は手段が目的化しやすい特性があるという。また、長期戦略として地球規模の課題の解決を射程に入れるか、短期的な利益を目標とするのか、という成長戦略の描き方のイメージも欧米企業と日本企業では異なる。

　こうした違いも踏まえ、日本経済のサーキュラーエコノミーへの円滑な移行に向けて、企業の取り組みの転換は重要である。中石氏によれば、企業がサーキュラーエコノミーに転換すべき動機としては、リスクの低減、ブランド力の強化、コストの削減、収益創出・成長戦略がある。成長戦略を描くためには、サーキュラーエコノミーを単なる資源の循環と捉えるのではなく、その概念の枠を拡大することが必要である。CEJでは、こうした使命のもと、企業の参画を得ながら、サーキュラーエコノミーの普及と移行を目指している。

　このように社会システムに関する興味・関心は、社会を変革するさまざまなアクションへとつながっていく。もし、このような取り組みを会社組織のなかで立ち上げることがあるとするならば、それは、新規事業の創出につながるかもしれ

ないし、既存の事業の新しいチャネルやアプローチの構築に
つながる可能性もある。まさに、「両利きの経営」の深化と探
索の要素として考えるべきである。

【インタビュー先】
一般社団法人サーキュラーエコノミー・ジャパン（CEJ）
代表理事
中石和良氏

（3）自分が心から願う理想の状態を可視化する
　次に、自分が心から願う理想の状態を可視化する。この可視化
の作業は、AとBの大きく2つに分けられる。

　A：理想の社会を思い描く
　自分が思い描く理想の社会を思い描く。これは現在の状況から
想像（予測）可能な未来ではなく、あくまで個人パーパスや個人的
価値観に基づいた、自らが願う理想の社会（環境）を思い描くこと
がポイントである。また、思い描く際の時間軸は、10年後くらい
がよい。これよりも近い時期だと現状からの未来予測になりがち
であり、逆に遠いとまったく実感が持てない方が多くなってしま
う。

　B：理想の生活を描写する
　Aで理想の社会を創造したら、その時期（たとえば10年後）の、
ある一日の理想の日記を描写してみる。これは「素の自分」で、朝
に目を覚ました瞬間から、夜に眠りにつくまでを、小説やドラマ
の脚本を書くかのように詳細に描き出す。自分自身の五感を通じ
て入ってきた情報・感覚、思考や感情など、とにかくできる限り

一つひとつていねいに言葉を紡いでいく。そうすると、無意識に本当に10年後の自分でいるかのような感覚に近づいていく。この日記では、Aで創造した社会の設定（居住環境、食習慣、働き方、社会通念・価値観、社会インフラ、デジタルデバイス、法律、風習、文化など）に必ず言及することがポイントである。

　AとBの両方のプロセスを経ることで、「視座の輪」の一番内側の「自分自身」と外側の3つの輪「顧客・業界」「社会・日本」「世界・地球」のつながりが深まることになる。

　以上のように、まずは、個人の描く理想の社会イメージを思い描く。そして、その後、コアメンバー間で互いに個人の描く理想の社会イメージを共有し合う。これは、個人で描いた理想の社会イメージをこの時点で互いに共有し合うことにより、個人のイメージではなく、組織のイメージへと昇華させるためである。
　こうした互いの共有を重ねることによって、コアメンバーが皆で共感し合えるような共通的な理想の社会イメージを徐々に創り上げていくことができる。個人が自らのパーパスや価値観に沿って長い時間軸で思い描いた理想の社会イメージは、多くの場合、他のメンバーにとってネガティブに感じられたり、否定されたりするものにはならない。なぜならば、人は、「現状に対してもっとこうなってほしい」「こうなったらよい」という未来に対するよりプラスの変化やより良い社会に対する思いを根本的に持っているからだ。

▶②理想の社会の実現に向けた自社の関わり

　「素の自分」で個人的に願う理想の社会を思い描けたら、次は、その社会の実現に向けて、自社がどう関わっていけるのかを探る。その方法は、次のAとBの通りとなる。

A：理想の社会にするにはどんな変化が必要か
　「素の自分」で描いた未来の「理想の社会と生活」が実現している時には、"世の中"や"社会環境"は、どのように「変化」「進化」「新化」しているだろうか。ここでいう「変化」とは、理想の状態が実現される必須条件として、その変化の"始まり"や"起点"となるモノ・コトを探ることがポイントである。前述の「社会システム」への知識が広く、理解が深いほど、本質的な「変化」を生み出すための原点に気づきやすくなる。

　ちなみに、この「変化・進化・新化」の対象の例は、以下のようなものである。

　　・社会制度・仕組み、技術・インフラ、政治・法律・教育
　　・人の思考・思想、倫理観・宗教観、慣習・文化、家族の在り
　　　方
　　・個人と企業組織の関係、国家間の関係、資本主義の将来性

B：その変化には、自社はどんな関わり方ができるか
「変化」「進化」「新化」をある程度、言語化できたら、次は、それに自社をつなげていく。"個人のパーパスを描いた自分自身""共にパーパスを検討しているメンバー""自社の全リソース"を考えた

時、その「変化」「進化」「新化」について、「どう関連づける可能性がありそうか」「どんな影響が与えられそうか」に思いを巡らせ、それをまた言語化していく。

これらABについても、個人ごとに思い描けたら、多少の時間を要したとしても、コアメンバー間で共有し合うことが大切である。

▶③"社会に与える影響"や"提供価値"を"社会的存在意義"として再定義

最後に、"社会に与える影響"や"提供価値"を"社会的存在意義"として再定義する。具体的には、ここまでのプロセスで言語化された文言を、「社会の視座」で観た時に、はたして自社は「社会にどんな価値を提供していると考えられるか」「社会においてどんな存在意義があると考えられるか」を改めて捉え直し、それを言語化する。

ここでのポイントは、第1章で紹介した「パーパスが持つ6つの特性」に沿って、パーパスとしての文章表現を決めていくことである。ここでは、最終的なパーパスの表現の要件についても決めておく。この要件とは、たとえば、「どれくらいの長さの言葉で表現するか」「どこに対象を絞って表現するか」「表現のなかに自らの製品・サービスの特徴・特性が含まれているか」「社会にもたらす影響やインパクトが表現に含まれているか」などである。

これまで描いてきた一人ひとりの個人のパーパスを呼び覚まし、これらをストーリーとして昇華させ組織で共有し合うことで、最終的に会社組織としてのひとつのパーパスを組織全体で再認識できることになる。

なお、個人のパーパスを組織のパーパスへと昇華させる具体的

な方法は、いくつかあるが、たとえば、次のようなプロセスが想定される。

　まず、これまでの検討プロセスを踏まえ、パーパスがどのように表現できるかについて、付箋などを用いて、コアメンバーの皆で書き出して共有し合う。そして共有し合った内容について、互いに疑問や質問を投げかけたり、あるいは、各人のこだわりのポイントについて対話したりする。この対話プロセスを持つことが、実は、一人ひとりが描いたパーパスの表現の集合体（全体）に対する意識と理解が高まることにつながる。

　こうして、コアメンバーの意識が高まった状態で、全体を意識しながら、もう一度、コアメンバー全員がそれぞれパーパスの表現について個々に描き直してみる。これを数回繰り返すことによって、個人の描いたパーパスが、組織のパーパスへと昇華される。このサイクルは最低3回以上行うことによって、段階的に、集合体としての認識や共感が湧き起こり、最終的なパーパスの言語化に至る。ただし、3回行えばパーパスが確実に定義されるというわけではない。しかし、この昇華のプロセスに時間をかけることの価値は極めて大きい。

　なぜならば、このサイクルを繰り返すプロセスを通して、コアメンバーの間では、自分たちの考えていることは近いのではないか（すなわち、同じような思考を持っている、あるいは、皆、大枠は変わらない）というマインドや一体感が醸成されていくからである。

　この段階まで到達したら初めて、以降は、言葉選びの世界となり、文章表現をどこまでこだわるか、調整するかについて考える。逆にいうと、この段階まで到達しない状態で、言葉の表現や文章にこだわると上滑りなパーパスになってしまう。これが、パーパスが言葉として再定義される最終段階である。

ステップ3
パーパスをどう経営に落とし込むか

　組織のパーパスを言語化できたら、実際にそのパーパスを経営へと落とし込み、日々の業務マネジメントで社員にとって身近に感じられ、その組織に息づくものとしなければならない。また、社会からもパーパスを共感・共鳴してもらうことが重要である。そのためには、「パーパスの共感・共鳴ストーリーを描写」したうえで、「①パーパスの組織全体への波及」「②経営上の意思決定プロセスへの組み込み」「③社会のステークホルダーとの対話と関係醸成」を進めることが必要である。

　まず、「パーパスの共感・共鳴ストーリー」を描写する。パーパスの共感・共鳴ストーリーは、基本的に「○○が、○○の状態になっている」という表現、つまり、他の人が見て、主語と述語が明確に示される形で描く必要がある。この方法は前述の未来年表の記述方法と同様である。

　未来年表を用いて、パーパスの共感・共鳴ストーリーが描けたら、次に、前述の3つの柱で取り組みを展開する。まず、パーパスを組織全体に波及させる。それを定着させるために仕組みとして経営上の意思決定プロセスへ組み込む。さらに社会から共感・共鳴をしてもらうため、社会のステークホルダーとの対話と関係醸成のプランをつくるという流れとなる。

　これら3本柱で、パーパスの共感・共鳴ストーリーが波及・定着すれば、パーパスが組織に根付き、息づくことになる。

▶①パーパスの組織全体への波及

パーパスを組織全体へ波及させていくためには、どのようなプロセスが望ましいのだろうか。よくあるのが、経営陣よりも先に社員への波及活動を重視してしまうパターンである。これでは、社員自身はパーパスに共感・共鳴を持って、何かを変えようとするが、役員レベルから数値目標主体のマネジメントが引き続き行われて、結局、社員が板挟みになって苦しむ結果となる。基本的には組織の上層部、すなわち、経営トップ→経営陣→管理職→社員の順で波及させていく。

パーパスを活かしたマネジメント活動をしていくためには、経営上の数値責任を負っている経営陣クラスが経済価値と社会価値を天秤にかけてバランスをとるかのようにパーパスを活かすことが重要である。パーパスに基づく経営判断が、時に、短期的な売上を犠牲にする可能性にも真摯に向き合い、意思決定する必要が

図表8-10　パーパスの組織全体への波及

■ 会社組織は経営トップの「あり方」の映し鏡

■ トップ、および経営陣が自社サービス・商品の提供価値を考える・言語化

■ 言語化されたものを、自分ごとで周囲・組織へ伝えていく

■ 経営陣が有言実行しているかどうか、社員極めて敏感

ありがち	より効果的
● 経営トップの意を汲んで部下が活動する	● パーパス活用を経営としてコミット
● 経営陣は決定事項を伝えるだけ	● トップ自ら動く。想いを伝える
● 指示を受けて動くのは現場の役割	● 現場と直接対話する

出所）野村総合研究所

ある。

　具体的には、さまざまな方法を取り得る。たとえば、定義されたパーパスそのものの言葉の理解を図ることに重きをおいて波及させていこうとする場合や、もしくは、そのパーパスはあくまで経営として決めたものとし、その言葉自体を波及させるのではなく、その言葉を起点に社員一人ひとりがパーパスを考え、意識する習慣をつくることを大切とする場合などである。この波及のさせ方によって、当然、進め方は異なる。

　トップを含めた経営陣やコアとなるチームが創ったパーパスを、一方的に社員に発信するやり方では、決して理解・共感は起き得ない。それは、業績数値中心のマネジメントに慣れた社員が、普段の業務の中でパーパスを常に意識することは難しいからである。きちんと定義されたパーパスがその価値を発揮するためには、経営陣・社員一人ひとりが自分事でパーパスについて考える機会・時間が継続的に確保されることが大切である。

　また、パーパスを定義したメンバーと聞かされるメンバーとの間には意識・情報ギャップが大きいため、定義したメンバーとその他の社員が対話を重ねながら、パーパスを定義するプロセスで話された内容や背景について互いに理解することが望ましい。

▶②経営上の意思決定プロセスへの組み込み

　パーパスを組織全体へ波及させる取り組みとともに大切なのが、経営上の意思決定プロセスへのパーパスの組み込みである。これは、組織全体へ波及されたパーパスを社員の意識の中に効果的に根付かせ、定着させるためにも必要である。最も重要なのは、パーパスを基軸として、その企業が社会に対して影響力を発揮し続けた時に何を達成したいのかをビジョンとして描くことである。

このビジョンに基づいて、経営計画への展開が図られる。こうすることで、パーパスを、単なる飾り物ではなく、ビジョンや経営計画のPDCAサイクルと一体的に組織内に根付かせ、定着させることができる。経営上の各種イベントやマネジメント上必要なもの（評価・採用）に関しても、パーパスに立ち戻ったり、パーパスに紐づいた意思決定をしたりするようにしていく。

　人事評価に対しても、管理職がパーパスに基づいた意思決定・判断をしているか、パーパスの理解度とともに確認できるような評価体系にしておく必要がある。業績上の成績だけではなく、管理職マインドとして、パーパスをどれくらい重視したコミュニケーション・意思決定・マネジメントができているかを考慮する必要がある。管理職の階層別研修のなかにパーパスの研修を組み入れていくことで、パーパスへの理解を深めていくこともできる。

　採用活動では、採用プロセスにおいて、その会社が持っているパーパスと入社を希望して応募してくる人の個人のパーパスの重なり具合の確認をていねいに行う必要がある。重なる部分が多いほど、エンゲージメントは高くなり、離職率は低くなる。

　中途採用の場合は、ある程度、個人のパーパスが明確になった状態で転職する場合が多いため、判断がつきやすい。新卒の場合は、個人のパーパスが不明確なことも多いため、採用活動の場面で個人のパーパスを最初から問いながら、それを浮彫りにしていくのか、あるいは、あらかじめ個人のパーパスが不明瞭なことを考慮しつつ、採用の判断をするのかは企業の採用方針によって異なる。

▶③社会のステークホルダーとの対話と関係醸成

　最後に、社会のステークホルダーへの発信や対話を通じて、パ

ーパスを基軸とした関係醸成を図る。若者の嗜好を活かすならば、SNSなどを活かした発信によって、コメントやシェアなど双方向にリアクションが確認できるような方法を取ることも一案である。また、社員への浸透を重視し、社員の日常的な振る舞いや行動を通じて社会のステークホルダーへパーパスを伝達させていくことも可能である。取引先との関係醸成についてもパーパスを活かせれば、より効果的に良い関係づくりにつながる。

　以上が、ステップ3のパーパスをどう経営に落とし込むかのプロセスである。

　これまで、パーパスの概念、重要性、企業ケース、実践に向けたアプローチ方法について述べてきた。近年は、サステナビリティ経営の潮流により、企業においても経営・事業の枠組みのなかに社会的・非財務的要素が統合する流れとなっている。

　一方で、そのような取り組みの意味や意義について腹落ちや実感を持てていない社員や企業が多いのも実情である。その背景には、企業が社会的存在意義を再定義した「パーパス」が、本当の意味で組織に息づいていないことも一因であると想定される。パーパスは新たに創り出されるものではなく、従来、企業や組織、あるいは経営層や社員個人の内面に潜在し、発掘されるものである。

　パーパスを再定義するプロセスを通じて、組織と個人のパーパスを重なり合わせることができれば、企業は戦略実現に向けて大きな力を得ることができる。社会的な価値観が重視されるという環境変化のなかで、これからは、少しでも早くパーパスが持つ可能性に気づき、パーパスを真の意味で組織に息づかせることができるかが、企業の持続的成長にとってもより重要性をます時代となるであろう。

おわりに――真のパーパス経営を目指して

　最近、企業のマネジメント層との対話においても、「パーパス」という言葉がよく聞かれるようになった。筆者らは、パーパスに関して、早くから情報発信をしてきたつもりだが、この一種のブームのような状況については、少し寂しい思いも感じている。なぜなら、パーパスが一時のブームのようになると、言葉ばかりのパーパスや、パーパスを掲げた気になる企業が出てくるのではないかと心配になってしまうからだ。

　実際に、企業からパーパスに関する相談を受ける機会も非常に増えたが、「今年度中にどうしてもパーパスを発表したい」「そのために早急にプロジェクトを立ち上げて進めたい」など、前提となる期限や体制があらかじめ敷かれた検討依頼を多くいただいている。コンサルタントとしては、こうしたクライアントの依頼や条件には、できるだけ応えるべきなのかもしれない。しかし、一方で、こうした依頼を鵜呑みにして、急いでパーパスを整えることが本当にその企業にとってベストなアプローチなのかは、筆者らは常に自らに問いかけるようにしてきたつもりである。

　本書の執筆にあたっては、多くの企業のマネジメント層の皆様にお話をうかがう機会を得た。そのなかで、「パーパスとは一体何なのか」、「パーパスが息づく組織とはどのような状態なのか」「パーパスというものは組織や人を本当に活き活きとさせ得るものなのか」「どうしたらパーパスが息づく組織になるのか」など、もしかしたら、正解がないかもしれない問いについて、筆者らなりにその真実を追求してきた。そこであらためて感じたのは、パーパスが（言葉として）存在すること自体は重要ではあるが、それだけでは、ほぼ意味を持たないということである。先進企業の多くは、

いずれの企業も、言葉の存在に加えて、組織内外に共感・共鳴を創り出すプロセスや仕掛けを非常に大切に考えていた。パーパスを再定義することは、ゴールではなく、むしろスタート地点であり、そこから、すべてが始まるといってもよい。そして、筆者らのクライアントの中には、パーパスを言葉として表すこと自体を目的とせずに、焦らずに真のパーパスを探索し続けている企業も現れている。

　本書を手にして、これからパーパスを発掘しようとする企業も多いだろう。パーパスというと、どうしてもきれいな言葉や見栄えにこだわりたくなる。しかし、その大きな誘惑には決して負けずに、真のパーパス経営をじっくりと探究してもらいたいと願う。

　本書の執筆にあたっては、真のパーパス経営に参考になる企業・組織へインタビューを多くさせて頂いた。多忙にもかかわらず、大変貴重な時間を割いて頂いた皆様に深く感謝を申し上げる。貴重な対話のなかから、筆者らは、改めて、パーパスの本質や共感・共鳴を得ることの難しさ、そしてパーパスに潜む可能性について数多くの示唆を得ることができた。

　また、野村総合研究所のメンバーにも感謝をしたい。フェローの青嶋稔には、マネジメント層の紹介を頂いた。深井恒太朗は、早い時期に筆者らをつなぐ役割を果たしてくれた。筆者らは、「組織開発」と「サステナビリティ」という、各々の専門領域を深く追求していたため、つないでもらう機会がなければ、パーパスについて思考を深めることもなく、この書籍の執筆にも至らなかったであろう。また、西内彩乃と向井暉にも深く感謝する。両氏による、インタビューのサポートがなければ、本書は成り立っていない。その他、執筆の過程で多くの方々にアドバイスや協力を頂いた。阿波村聡、郷裕、山田悠人、粂井華子、堀田弥秀、中島優里、岡

本智美に感謝する。野村総合研究所のメンバーは、誰もがすぐに快くサポートを引き受けてくれた。活き活きとした素晴らしいメンバーに囲まれたことを誇りに、そして幸せに思う。

　また、日経BPの赤木裕介氏は、本書の趣旨をいち早く理解して下さり、常に適切かつ示唆深いアドバイスで筆者らを導いてくれた。この場を借りて御礼を申し上げる。

　そして、最後に、いつも温かく見守ってくれている家族に感謝する。

2022年3月

伊吹英子・古西幸登

パーパス経営実践に向けたFAQ集

Q1 企業理念にパーパスの要素が含まれている場合には、パーパス経営にどのように取り組めばよいのでしょうか。

A1 パーパスについて検討をはじめる際には、まず自社の歴史を振り返りますが、その際に、現在の企業理念のなかにパーパスの要素がしっかりと含まれていることが分かることもあるでしょう。その場合には、パーパスの要素が、「"言語"として含まれているだけなのか」、あるいは、「"言語"として含まれた上で、"共感・共鳴"されて経営に十分に活かされている状態なのか」について確認します。もし、共感・共鳴されている場合には、企業理念はパーパスとして組織内外に息づいていると考えられますので、その状態を維持し続けることが重要となります。もし、共感・共鳴が生まれていない場合には、含まれている"言語"をどのように経営全体で位置づけて経営に活かしていくのかをメンバー同士で対話をしながら、再定義の必要性も含めて考えてみるとよいでしょう。考えるポイントとしては、今おかれている社内外の状況を踏まえつつ、今ある企業理念のままでよいのか、再定義が必要なのかを考えます。実際には、パーパスの部分だけ抜き出して再定義することや、企業理念そのものをパーパスとして捉え直すなどの複数の方法を取ることが可能です。

Q2 上司から、パーパスを公表する期限を決められてしまっている場合には、どのように対応したらよいでしょうか。

A2 パーパスという言葉だけを決めることが目的となると、パーパス経営が失敗するリスクが高くなります。こうした場合は、

まず、「パーパスを扱う」という一連のプロジェクトや活動の最終ゴールが何なのかを上司や責任者（経営トップ・組織長）と対話し、はっきりさせるようにします。そうしなければ、「言葉を決める」という本来は手段であるべきものが目的になり、本来大切にされるべき、共感・共鳴までを見据えた活動が二の次となってしまいます。そうすると、活動は多くの場合、失敗してしまいます。あらかじめ活動の最終ゴールについて、上司や責任者としっかりとした対話がなされると、単純に「言葉を決める」ことがゴールとはならないはずです。ただ、実際には、そのような理想的な対話が上司や責任者とできないこともあるかもしれません。その場合には、外部業者や先進企業の話を聞くなど、外部の客観的な声や力を借りることが必要となるかもしれません。

Q3 これまで、顧客を重視した経営・事業を進めてきたので、社会的存在意義と言われても、まったくイメージが湧きません。このような場合はどうしたらよいでしょうか。

A3 どの企業でも同じような状況はよく見られます。特に、専門領域の仕事に長年携わってきた人ほど、専門領域以外の業種や業界への理解や関心が低いことが多い状況が見られます。こうした場合には、社内であれば、他部門の人と話すことから始めたり、社外であれば、異業種の方とコミュニケーションをしてみたりするというように、視野を広げていく必要があります。パーパス経営の先進企業の話を聞いてみるといったやり方も有効です。実際に話を聞いてみると、自分達がいかに専門領域に特化した理解や関心しかなかったかなどを客観視できるようにもなります。

Q4 社会システムについて理解を深めるには、何から手をつければよいでしょうか。

A4 社会システムというと、壮大なイメージを思い描いてしまいますが、まずは、自分の普段の日常生活から社会とのつながりを考えはじめてみることをおすすめします。たとえば、普段スーパーに行って買い物をすることがあると思いますが、買おうとしている商品が、どんな原材料から、どんな場所で、誰によってつくられているものなのか、それは、輸入されたものなのか、市場価格はどのように決められているのか、などを考えてみることです。いきなり大きなことを考える必要はありません。まずは、自分の身近なところから関心を高め、実践してみることです。もしくは、何か自分なりにテーマを設定して、それを調べてみるという方法もあります。そのテーマを調べていく過程で、社会システム全体への関心も高まるかもしれません。まずは、自分の興味や関心の持てるところからアクションを重ねていくことで、社会に対する感度が徐々に高まり、次第に自ら様々なテーマに関心を持てるようになります。こうした積み重ねによって、結果として、社会システム全体のことが理解できるようになります。

Q5 業績最優先の企業です。このような場合、組織のなかでどのようにパーパスの優先度をあげたり、社内を説得したりしていけばよいのでしょうか。

A5 まずは味方を見つけることからはじめます。たとえば、経済価値だけではなく社会価値にも重きをおく、そのような価値観を持った役員や、あるいは、影響力の強いキーパーソンをまずは見つけます。そして、その方を中心にして、興味・関心の高そうな人を順番に巻き込んでいくと進めやすくなります。

Q6 役員同士の意見が異なる場合には、どのように説得、方向性を見出していけばよいのでしょうか。

A6 これは、緊急度と重要度のマトリックスの話につながります。企業経営において扱うべきテーマのなかで、パーパスを果たしてどれくらいの重要度をもって取り扱うのかを役員同士で話すところからはじめます。反対する役員もいるかもしれません。ただ、時間が経過し、しかるべきタイミングが来ると、100％反対ということにはならないことがよくあります。役員としての立場や考えもあるでしょうから、必要なタイミングでは共感してくれるはずと信じで進めていくことが大切です。

Q7 パーパスを再定義する際に、現場からなかなか優先度をあげて検討してもらえません。現場は忙しいので、時間をかけた検討が難しいです。忙しい現場社員にどのようにしてパーパスの取り組みの意欲を高めてもらえばよいのでしょうか。

A7 まずは何よりも、組織長の業務スケジュールのなかに、優先度が高いテーマとしてパーパス再定義を組み込むことがスタートとなります。優先度が高いテーマとしてパーパスを扱えば扱うほど、自分にとって、パーパスを再定義することの意義や意味を見出すことができます。そうすれば、次第に、主体性が生まれてくるものです。壁は高いですが、理解者を見つけながら、地道に取り組みを継続させていくことが必要となります。

Q8 経営トップの関心度が低い場合には、どのようにパーパス再定義の取り組みをはじめればよいのでしょうか。

A8 これは、一番悩ましいパターンであると思います。経営トップの関心が低くても、役員クラスで関心度が高い方がいらっしゃれば、活動を諦める必要はないと思います。逆に言うと、経営トップの関心が低い場合には、パーパスに関心の高い役員クラスの方を見つけることが重要となります。そして、その役員クラス

の方を中心として、まずはパーパスの活動プランを組み立ててい
くことが効果的です。こうした活動を展開していくと、経営トッ
プも次第に興味や共感が生まれ、協力してくれることもあります。
もしくは、いずれかのタイミングで経営トップ自らが他社や業
界・顧客のニーズを踏まえて、重要なテーマなのではないかと考
えはじめるケースもあります。

Q9 パーパスの活動を全社規模で進める際には、どのように進
めていけばよいのでしょうか。

A9 理想的には、経営でコアチームをつくり、経営チームとし
て自分たちの会社が考えるパーパスを再定義することです。その
上で、若手の役員層や管理職層も同様にパーパスを再定義の活動
に参画して取り組みます。まずは、こうしたマネジメント層(経
営チームや役員層、管理職層)が、自らのパーパスを確認できる
ということが重要です。その上で、実際の実務や日常のマネジメ
ントに、どのようにパーパスを落とし込んでいくのかを検討し、
実践します。その一環で現場の一般社員の人々ともマネジメント
層が対話をしながら、組織の最小単位のなかでもパーパスについ
て活動を計画し、実行に移していくことが良いでしょう。

Q10 パーパスを再定義する際の体制の作り方のポイントや工夫
はどのようなものでしょうか。

A10 まずは、パーパスを検討するコアチームを編成する際に、パ
ーパスを再定義することに強い思いや熱意を持った方々をメンバ
ーに組み入れるのがポイントです。そして、パーパスを再定義す
る前に、チームメンバーの互いの関係性を高めたり、それぞれの役
割を考えたりしながら体制を立ち上げることが必要です。こうす
ることで、メンバーの「やらされ感」が減り、メンバーの主体的な

選択や思いで活動を進めることができるようになります。

Q11 外部業者に頼らずに、自分たちだけで検討する場合には、どのようなことに注意したらよいでしょうか。

A11 外部の力を活用することは、パーパスを再定義する際の有力な選択肢のひとつです。当事者だけで進めてしまうと、メンバーは皆、基本的には現場の日常業務が最優先で、緊急度の高いものに対応するという思考と文脈が整っています。そのため、パーパス再定義の活動が、緊急度が低いテーマとして扱われやすく、その結果、パーパス再定義の取り組みが後回しにされやすくなります。この活動に本気でコミットして優先度をあげて進めていこうとする力が働きにくいのが、一般的な企業の常です。もし、自分たちでやる場合には、このような力に負けないように、最初に緊急度と重要度のマッピングを行い、この活動の重要性や優先度の高さをステークホルダー同士で確認しておくことが必須となります。そして、パーパスを再定義することの目標やゴールについて、あらかじめ未来年表などを使って明確にデザインしておくことがより大切となります。

Q12 外部に依頼する際の外部業者の良し悪しの見極め方について教えてください。

A12 外部の業者が、この活動の最終的な効果や目的をきちんと考えてくれているかを確認することをおすすめします。単に、パーパスを言語化して、発信すればよいということだけを支援するような場合には、本質的なパーパス再定義をしようとしているかを確認してください。公表期限から逆算で、無理な計画ができあがっていく場合は危険です。「パーパスの言葉づくりだけを優先していないか」「言葉づくりにとどまらず、長期的な視野でのグラ

ンドデザインを描こうとしてくれているか」「あくまで活動主役は企業側にあって、業者側が強いリードをするものではないと考えてくれているか」「企業の内部で主体的な活動が生まれることを意図した設計・提案になっているか」などについても確認してみてください。

Q13 パーパス再定義はどれくらいの期間でやるのが適切なのでしょうか。本来は、どれくらいの期間を要するものなのでしょうか。
A13 パーパスを再定義することだけであれば、最低半年から1年程度が目安の期間です。ただし、言葉ができて終わりではないため、再定義した後の共感・共鳴活動は、次の1年、2年、3年、4年と継続的な活動にしていくことがより重要となります。最終的にはマネジメントに落とし込まれて日常化されることが必要です。

Q14 パーパス再定義の対話を進める際のファシリテーターは、社内で任命して進めたほうがよいのでしょうか。
A14 外部業者を使わずに自社で取り組む際には、ファシリテーターを任命したほうがよいでしょう。なぜならば、ファシリテーター以外は当事者同士であり、時に、意見がぶつかったり、客観的にみることが難しくなったりすることがあるためです。そのため、第三者的なファシリテーターを置いたほうが進めやすくなります。

Q15 パーパス再定義のプロセスで、メンバーそれぞれ意見が違ってぶつかりあった際に、一つの方向に向いていくために、どのように対立意見を扱うとよいのでしょうか。
A15 発想の転換が必要です。そもそも意見がぶつかりあうことを「対立」と捉えないようにします。船に例えると、その船に乗っ

た人はいろんな価値観を持っていると考えます。そして、いろんな価値観を持った人が乗った船が、果たしてどの方向に向かうのがよいのかを皆で考えるようにします。こうすると、一見、対立してしまっているかのように見える状況が、決して対立ではないことを理解でき、むしろ、多様な価値観を持つ仲間が共感・共鳴し合えるところが何なのかを皆で考えることができるようになります。

Q16 パーパスを再定義した後に、日常の業務マネジメントに落とし込んだり、浸透をしたりする際に気を付けることや、工夫はあるでしょうか。

A16 日常のマネジメントをしている単位でも、パーパスの再定義をすることをおすすめします。その際には、日常業務のなかでは、ついつい緊急度の高い業務に目が向きやすいため、パーパスに立ち返る時間を予定としてあらかじめ組み入れておく必要があります。たとえば、月に1回、2回、業務時間中にその組織のパーパスについて、その組織のメンバーが思っていることを対話してみるといったことも方法のひとつです。

Q17 再定義したパーパスが組織に定着するのには、どれくらいの期間がかかるのでしょうか。

A17 この期間は、企業によって実にさまざまであり、一概には言えません。パーパスの定着については、「何をもって定着をするか」にもよります。仮に、パーパスに基づいたマネジメント・評価・経営の意思決定の方法が整っている状態が「定着」だと仮定すると、ほんの一例ではありますが、たとえば、従業員が30人くらいであれば、3年程度が目安であり、従業員が1万人以上だと、5年計画くらいでプランすることが大切となるでしょう。

伊吹英子（いぶき・えいこ）

野村総合研究所へ入社後、戦略コンサルタントとして、サステナビリティ（CSR/ESG/CSV等）に関するコンサルティング実績をゼロから創り上げ、20年以上にわたり、幅広い業種のサステナビリティ戦略の立案、理念・ビジョン策定に関するコンサルティングに従事。同社、コンサルティング事業本部においてプリンシパル、グループマネージャーを経て、サステナビリティ推進室長。これまで、大阪大学大学院などをはじめとする非常勤講師や、数多くの講演・執筆実績がある。国際公共政策博士（大阪大学）。

古西幸登（ふるにし・ゆきと）

野村総合研究所　コンサルティング事業本部　プリンシパル。専門は、エグゼクティブ・コーチング、および組織開発。「学習する組織」の原理に基づいた組織開発コンサルタントとして、業種を問わず、マネジメント層に対する「理念・パーパス・ビジョン」を起点とした組織変革プログラムを数多く手掛けてきた。また、経営者向けのコーチングだけでなく、経営人材の育成やリーダシップ開発プログラムの提供も行う。個人と組織に内在している主体性を発現させるダイアログ・ファシリテーションを得意とする。

ケースでわかる 実践パーパス経営

2022年4月25日　第1版第1刷発行

著　　者 ── 伊吹英子／古西幸登　©Eiko Ibuki & Yukito Furunishi, 2022

発行者 ── 國分正哉
発　　行 ── 株式会社 日経BP
　　　　　　日本経済新聞出版
発　　売 ── 株式会社 日経BPマーケティング
　　　　　　〒105-8308　東京都港区虎ノ門4-3-12
　　　　　　https://bookplus.nikkei.com

編　　集 ── 赤木裕介
装　　幀 ── 野網雄太
本文DTP ── 朝日メディアインターナショナル株式会社

印刷・製本 ── 中央精版印刷株式会社

ISBN978-4-296-00069-2　Printed in Japan